人民对美好生活的向往，就是我们的奋斗目标。

——习近平

红色火种

湖南省永州市“党建+产业技术扶贫”实践

王西琴　陈秋红　著

中国人民大学出版社
·北京·

序

贫困问题，是经济发展到一定阶段各国都会面临的问题，所以，反贫困与减贫就成为了经济发展的一个重要方面。改革开放以来，国家一直高度重视扶贫工作，党的十八大以来，以习近平同志为核心的党中央更是把扶贫工作提升到治国理政的新高度，提出了精准扶贫的新战略，并把脱贫作为实现第一个百年奋斗目标的“一号工程”。党的十九大报告提出，要坚决打赢脱贫攻坚战，让贫困人口和贫困地区同全国一道进入全面小康社会。近五年，我国每年减贫 1 300 万人以上，贫困发生率从 10.2%下降到 4%以下，在扶贫方面取得了举世瞩目的成绩。各地结合本地实际探索出了不同的扶贫模式，系统总结这些经验和做法，对于未来我国实现脱贫攻坚、乡村振兴具有重要的指导意义和借鉴价值。

发展与减贫关键在人，关键在基层组织，湖南省永州市在这方面进行了大胆探索，取得了很好的成绩。永州市有 2 个国家级贫困县和 3 个省级贫困县，脱贫任务十分艰巨。永州市探索创新出“党建＋产业技术扶贫”模式，开展大规模专题培训，以培训促就业创业、以就业创业促脱贫，用两年多的时间，探索出一条从“授人以鱼”到“授人以渔”、从“输血”到“造血”的新路径，成功将全市69万贫困人口减少到21万，贫困发生率从13.5％下降至3.3％，在脱贫攻坚战中取得了显著成效。

本书第一作者王西琴教授是我的同事，她带领中国人民大学的研究生深入永州，在当地有关部门的支持下，进行了大量实地调研，基于永州的鲜活实践，在调研和分析思考的基础上，提炼出了“党建＋产业技术扶贫”模式，这就是呈现在读者面前的这本书。希望通过本书，读者能跟随研究者们的步伐，了解到永州扶贫实践的内涵和特点。本书全面分析了永州市基层党建的创新机制和具体实施，并以案例说明党建创新机制下，党建引领在脱贫攻坚中的重要作用。梳理了永州市农村党员和青年农民培训体系，并将其特点总结为以下三个转变：一是培训对象由过去的以农民群体为主转向以农村党员和青年农民为主，体现了党员和优秀青年在脱贫攻坚中的带动效应；二是培训内容由过去的技术培训转向党建和技术培训内容相结合，加强了党建和国家政策的教学内容，满足了新型职业农民的内在需求；三是管理部门由过去的多部门管理转向由党委顶层设计、组织部门具体管理，并以典型案例说明了培训学员回乡创业和带动脱贫的“火种效应”，从而为其他地区的借鉴提供了依据。本书系统总结和分析了永州市“党建＋产业技术扶贫”模式，并将其分为六种模式，通过案例分析，揭示不同扶贫模式的特点及带动效应，提供了可供参考的产业技术扶贫路径。

本书将永州脱贫攻坚的实践总结为“党建＋产业技术扶贫”模式，该模式“以党建为引领、培训为抓手、技术为关键、产业为基础、脱贫为核心、乡村振兴为目标”。通过翔实的调研案例，充分论证了该模式在多方面取得的成效，按照以培训促就业创业、以就业创业促脱贫的路径，永州市在新型农业经营主体和新型职业农民培育、农村基层组织建设和党员模范带头作用、脱贫攻坚阶段性成果及其培训学员的“火种效应”等多方面取得的显著成效，展示了其“党建＋产业技术扶贫”模式在经济发展、生态保护、人才培养、社会影响等多方面的叠加效应，为其他地区借鉴永州模式提供了参考和依据。本书的出版，不仅对于永州市打赢脱贫攻坚战具有重要的指导价值，而且对于我国贫困地区推进脱贫攻坚、实施乡村振兴战略具有重要的现实意义。

中国人民大学农业与农村发展学院教授、院长
教育部高等学校农业经济管理类专业教学指导委员会主任委员
北京农业经济学会名誉会长
唐忠

2018 年 10 月 12 日

前　言

湖南省永州市地处湘江上游，是传统的农业人口大市。2014年建档立卡的贫困村有774个，贫困人口有69.4万人，脱贫任务十分艰巨。然而，永州市委创新脱贫工作思路，开辟了一条“党建＋产业技术扶贫”的新路径，打造出了“以党建为引领、培训为抓手、技术为关键、产业为基础、脱贫为核心、乡村振兴为目标”的永州样板，实现了从“输血式”脱贫到“造血式”脱贫的华丽转身，取得了脱贫攻坚战的阶段性胜利。2018年《中共中央国务院关于打赢脱贫攻坚战三年行动的指导意见》指出，统筹衔接脱贫攻坚与乡村振兴，贫困地区乡村振兴主要任务是脱贫攻坚。因此，总结和推广永州市“党建＋产业技术扶贫”的经验和做法，对于我国脱贫攻坚具有十分重要的现实意义。

本书包括三部分内容：第一部分从总体上阐述“党建＋产业技术扶贫”模式的概况；第二部分从农村基层党建、新型职业农民培育、新型农业经营主体发展、扶贫模式与案例等角度，详细介绍永州模式的做法和成效；第三部分梳理永州经验以及社会反响。具体内容如下：

（1）梳理永州市“党建＋产业技术扶贫”形成背景，给出“党建＋产业技术扶贫”的内涵。首先论述“党建＋产业技术扶贫”的形成过程，对“万名干部下基层，精准帮扶解难题”“三走遍三签字”“四扶四建”等战略行动进行分析。其次，论述“永州市农村党员和青年农民培训中心”创建的背景。再次，论述永州市“党建＋产业技术扶贫”的内涵，并以农业龙头企业——湖南果秀食品有限公司为例，具体论证永州市“党建＋产业技术扶贫”模式的内涵和实践效果。

（2）论述永州市农村基层党建引领模式。在分析永州市基层党建创新机制的基础上，通过案例验证党建引领模式取得的效果。一是从基层党建机制创新及其效应角度分析，通过农村综合服务平台、党建台账规范手册、青年党支部、新媒体宣传等，介绍永州市基层党组织建设的创新机制，并以案例进行实证分析。二是从培训新型职业农民角度，介绍永州在培育脱贫攻坚“红色火种”、农村后备人才等方面的成功经验，并通过宁远县基层党建、道县乐福堂乡党建、宁远县湾井镇下灌村党建、“党建能人”蒋楼喜等典型案例，揭示党建的引领作用。

（3）剖析永州市新型职业农民培育体系及其特点。从培训目标、培训对象、“课堂＋基地”培训、建档管理与跟踪问效、培训成效等几个方面，详细分析永州市新型职业农民培育体系，并总结其特点，认为在培训内容、培训对象、管理部门等方面具有永州特色，即党建与专业知识相结合的培训内容，以农村党员和青年农民为主的培训对象，以党委为主导、市委组织部为统一管理部门等，并以典型学员案例说明培训学员回乡创业与脱贫攻坚的“火种效应”。

（4）分析永州市新型经营主体发展现状，说明新型经营主体作为新型职业农民的主要载体，在脱贫致富方面的带动效应。以永州市种养大户、家庭农场、农民专业合作社、农业企业等新型经营主体发展现状为例，揭示不同新型经营主体在实现农业现代化过程中的积极作用、在带动脱贫致富中的重要作用。

（5）永州市产业技术扶贫模式与案例分析。根据实地调研案例，将永州市产业技术扶贫划分为六种类型，分别是：农业特色产业扶贫、资产收益扶贫、就业扶贫、生态农业扶贫、电商产业扶贫、旅游扶贫等。概括了每一种扶贫模式的内涵与特点，并给出相对应的案例，从产业性质、生产方式、经营理念、收入、带动效应等几个方面总结和揭示不同技术扶贫模式的特点，以及培训学员返乡创业和脱贫致富的“火种效应”。

（6）经验与启示。从对农村党员和青年农民培训的叠加效应方面总结永州经验，主要体现为：农民理念的转变、基层党建的夯实、脱贫攻坚效果、新型经营主体壮大、新型职业农民队伍逐步发展、经济发展与生态保护双赢、乡村振兴战略初见成效。永州的启示主要是：坚持党委领导、突出党建引领、突出精准理念、抓住农村党员重点人群培训、培育“红色火种”等。

（7）社会反响与各界评价。从参训学员的反响、社会媒体的评价、相关领导和各级部门的认可与肯定，以及“全省党员致富带头人培训示范班”在“永州市农村党员和青年农民培训中心”的举办等，说明永州“党建＋产业技术扶贫”模式得到了农民的充分认可和各级管理部门的高度肯定。

湖南永州“党建＋产业技术扶贫”模式在脱贫攻坚、培育新型职业农民、推进乡村振兴战略等方面具有开创性、破冰性重大意义，希望本书的出版能为脱贫攻坚提供可复制、可推广的样板，从而推进我国乡村振兴战略的实施。由于作者水平有限，对于永州模式的研究和总结还有待进一步提高，希望在今后的研究中不断深入。对于本书中存在的不足衷心希望读者提出宝贵意见，以利于作者进一步修改完善。

作者

2018 年 9 月 16 日

目　录

第一章
“党建＋产业技术扶贫”模式

湖南省永州市位于湘江上游，是传统的农业人口大市，脱贫任务十分艰巨，在市委的统一领导下，永州市近年在脱贫攻坚工作中取得了阶段性的胜利，开辟了一条“党建＋产业技术扶贫”的新路径，打造出“以党建为引领、培训为抓手、技术为关键、产业为基础、脱贫为核心、乡村振兴为目标”的永州样板，实现了从“输血”脱贫到“造血”脱贫的华丽转身，收到了良好的效果。2017 年，全市共 17 万余人脱贫，349 个贫困村脱贫出列，均超出计划额 24% 以上，在湖南省 2017 年脱贫攻坚工作考核中位列一类市州的第一。因此，总结和分析永州“党建＋产业技术扶贫”模式，具有十分重要的现实意义。本章主要介绍该模式形成的背景和过程，以及“党建＋产业技术扶贫”模式的内涵与特点，并以湖南果秀食品有限公司为例进行具体介绍。

第一节 形成过程

永州市位于湖南省南部，地处潇湘二水汇合处，湘江流域上游。境内地貌复杂多样，河川溪涧纵横交错，呈现“七山半水分半田，一分道路和庄园”的格局。环境优美、生态优良、文化灿烂、特色鲜明，是国家重点生态功能屏障区，境内植被覆盖率达62％，空气质量优良，地表径流常年保持在二类标准以上。其下辖的东安县、江永县、江华瑶族自治县被纳入国家重点生态功能区。因在永州市境内的道县玉蟾岩遗址发现了最早的人工栽培稻，永州又被誉为中国农业文明的发源地之一。

长期以来，由于受交通条件和思想观念等多方面客观因素的影响，永州市的“绿水青山”并没有换来“金山银山”，这里贫困人口多、贫困程度深、脱贫难度大。近年来，永州市委举全市之力、集全民之智，坚持精准扶贫、精准脱贫的基本方略，把脱贫攻坚作为重要的政治任务、头等大事、第一民生工程和“六大战役”之首，先后启动“万名干部下基层，精准帮扶解难题”“三走遍三签字”“四扶四建”等一系列战略行动，摸实情、寻贫根、谋良策，以前所未有的力度推进脱贫攻坚工作。全市脱贫攻坚取得了显著成效，党建促脱贫攻坚等多项工作走在全省、全国前列，为打赢脱贫攻坚战役走出了一条可借鉴的道路（见图1-1）。

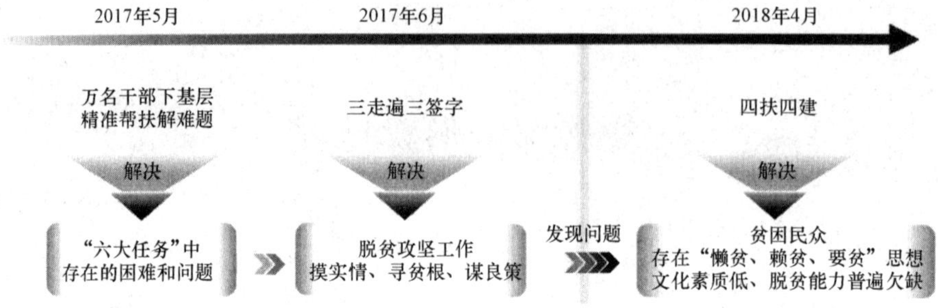

图 1－1　永州市“党建＋产业技术扶贫”形成过程

一、“万名干部下基层，精准帮扶解难题”

2016 年 4 月 25 日，中共中央总书记习近平在安徽调研时提出：“加快农村发展，要紧紧扭住发展现代农业、增加农民收入、建设社会主义新农村三大任务。”“加快构建职业农民队伍，形成一支高素质农业生产经营者队伍。”

面对繁重的精准脱贫任务，为了提高精准扶贫效率，2017 年 5 月永州市委正式启动了“万名干部下基层，精准帮扶解难题”活动，为脱贫攻坚寻找治本良策。截至 2017 年 12 月底，共有22 650 名工作队员参加了这项活动，673 个工作队投身各县（区）、乡镇、村等基层一线，15 名优秀处级干部、205 名优秀科级干部分别担任驻县（区）、乡镇以及企业工作队队长，肩负统筹协调、破题解难之责。

在历时 7 个多月的“万名干部下基层，精准帮扶解难题”活动中，永州市委发现了过去脱贫攻坚中存在的几个主要问题。第

永州市“万名干部下基层，精准帮扶解难题”活动启动仪式

一，脱贫攻坚中最难的是拔“贫根”。其表现为两方面：一方面，表现在干部把脱贫攻坚当作“任务”来完成，当作“迎检”来应付，热衷于“输血”脱贫，结果往往是“今年才脱贫，来年又返贫”。另一方面，表现在贫困群体的主体意识不强，部分贫困群众自力更生、艰苦创业意识不强，存在着“哭穷要帽”“等靠要”“相互攀比”等思想，“靠着墙根晒太阳，等着别人送小康”等问题仍然存在；部分贫困户把脱贫当成是党委、政府、干部的事，缺乏脱贫致富的内在动力，“干部干，群众看”“干部着急，群众不急”。第二，脱贫攻坚中最忧的是返贫。一方面，贫困户担心脱贫后惠民惠农政策会缩水，驻村帮扶队员会撤走，关爱基层导向会变化；另一方面，近几年实现的脱贫目标是在大量的人力、物力、财力支撑下取得的，随着政策、资金、项目的变化或减少，未来返贫的可能性很大。第三，脱贫攻坚中最盼的是技术。干部下基层发现，真正的贫困群众大部分都是自身发展能力比较弱，

没有致富技术和门路。单纯地送钱送物只能解一时之困，不能脱一世之贫，凡是有一技之长，脱贫就有基础，并能实现可持续发展。许多村党支部书记也反映，农村脱贫的关键是产业扶贫，产业扶贫的关键是技术支撑。

对于在“万名干部下基层，精准帮扶解难题”活动中发现的“三难、三忧、三盼”等一系列问题，永州市委提出了“六大战役”的攻坚之策。要求通过学政策内容、下村社企业、查落实执行、诊断原因、整改销号、问责追责等手段，集中解决基层“六大任务”具体工作中存在的突出困难和问题。“六大任务”包括“党建引领、脱贫攻坚、信访维稳、安全生产、环境整治、企业帮扶”。其解决途径为：一是当好宣传员。全面熟悉各项政策业务，提升把握政策的能力，扎实做好政策宣传工作。二是当好调查员。深入调查研究，切实把基层的热点、难点、焦点问题摸清、摸准、摸透，对了解到的信息做出准确判断，并提出合理化的建议。三是当好服务员。围绕“六大任务”，将促进经济社会发展作为开展本次活动的落脚点，提升各项工作对经济发展的助力。四是当好调解员。真实了解群众最关心的问题，针对摸底调查出来的矛盾和问题，逐一分析整理、逐一化解处理。五是当好指导员。把巩固基层党组织作为一项重要内容，通过找准症结、加强引导、配齐班子、找对路子，不断巩固和提升基层党组织的执政能力和群众基础，着力推进基层党建的标准化，打造一批模范基层党组织，提升组织扶贫帮扶的能力。

永州市“六大战役”动员大会

通过“万名干部下基层，精准帮扶解难题”活动，永州市委充分掌握和了解了未来脱贫过程中亟须解决的问题和有待突破的关键所在。只有进一步提升农民综合素质，才能产生更多的脱贫“火种”，加速新农村的振兴；只有经过全面教育和培训，才能孕育更多“爱农业、懂技术、善经营”的新型职业农民；只有强化党的阵地建设，才能激活激发农村党建人才的战斗力，实现“农村美、农业强、农民富”。

为此，永州市委根据农业供给侧改革的需求和贫困户的内在需要，决定启动农村人才培训战略，创建永州市农村党员和青年农民培训中心（简称“培训中心”），以产业技术扶贫培训为突破口，创立全市统一的实用技术培训平台，大规模开展“党建＋产业技术扶贫”培训，带动脱贫攻坚、助力乡村振兴。

二、“三走遍三签字”

为了使扶贫工作取得实实在在的效果，永州市委在“万名干部下基层，精准帮扶解难题”活动的实施过程中，率先在全省开展了“三走遍三签字”行动。要求各级领导干部下基层明察暗访，到一线真抓真干，找贫源、知贫根、治贫病，让每一个贫困县、贫困村、贫困户都有精准脱贫的“诊治良方”。“三走遍”行动，即市委书记、市长带头，走遍贫困村50%以上的乡镇，其他市级领导带领驻村帮扶单位走遍联系县（区）的所有贫困村；县（区）委书记、县（区）长走遍辖区内所有贫困村；乡（镇）党委书记、乡（镇）长走遍辖区内所有贫困户。2017年以来，永州市委书记走访了贫困人口集中的乡镇87个，贫困村436个，贫困户2 100余户。“三签字”是针对贫困户脱贫摘帽的考核，即扶贫对象本人与乡（镇）、村和扶贫工作队共同签字；贫困村脱贫出列由县（区）委常委会研究决定，并由县（区）委书记、县（区）长签字；贫困县脱贫摘帽经由市委常委会研究决定，由市委书记、市长共同签字后报省扶贫开发领导小组研究。在“三走遍三签字”行动中，还提出了“125齐步走”模式，“1”即每个县（区）由联系该县（区）的市级领导负责走遍所有乡镇，“2”即每个乡（镇）至少走访2个村，“5”即每个村至少走访5户。

中共永州市委书记李晖在江华瑶族自治县开展“三走遍三签字”活动

三、“四扶四建”

“四扶四建”是永州市扶贫开发领导小组暨脱贫攻坚战役指挥部2018年第一次会议提出的，即“扶志气，建讲堂；扶技能，建中心；扶产业，建基地；扶队伍，建堡垒”。针对性地解决“人穷志短”“因陋就贫”“无能为力”“无事可做”等基础性脱贫问题，从而激发贫困民众产生自主脱贫的内生动力，确保贫困户在物质和精神层面“双脱贫”。

永州市有效推进、积极落实“四扶四建”工作，依托各贫困村党群服务中心、文化活动中心、乡村大舞台等公共设施，设立扶贫讲堂，每月组织贫困户和村民小组代表集中参加“扶贫听课”，使之成为宣讲扶贫政策、培训实用技能、激发脱贫内生动力的主阵地。

按照“一户培养一名明白人、一户培养一名产业工人”的目标，永州市以各县（区）职业中专为主体，整合就业培训中心、农广校、农机校、乡镇农校、贫困村教学点等网点组成培训中心。在道县依托永州市工贸学校创建永州市农村党员和青年农民培训中心（以下简称“培训中心”），重点培训农村青年党员和干部，发挥党员先锋带头作用。开设现代养殖、现代种植、电商、社会与家庭服务、商贸与餐饮服务等培训班，形成“培训一名学员，带动一个家庭；培养一名能人，带活一项产业；培养一名党员，带富一方山水”的效应。

精心布局扶贫产业。永州市发动143家市级以上龙头企业在村建设扶贫基地，全市基地面积达到56.5万亩，覆盖贫困村498个，覆盖率为64%。引导本地制衣、制伞、电子、农副产品加工等企业在各贫困村建立“扶贫车间”，将家庭工场、手工作坊、乡村车间建在农民家门口，实现贫困劳动力、留守妇女进车间务工的目标。

充分发挥农村党支部的战斗堡垒作用。永州市提出“支部建在产业上，党员聚在产业上，农民富在产业上”的战略构想，帮助、引导、鼓励贫困户与企业、专业合作社、能人大户建立利益联结机制，获得土地流转收入和务工收入，实现稳定增收。经培训中心培训的学员回乡后创业，发展特色种植、养殖以及旅游、电商等产业，带动了一大批群众脱贫致富，如星星之火，终成燎原之势。

脱贫攻坚需要下一番“绣花”功夫。作为一个传统农业大市、贫困人口数量众多的欠发达地区，永州市结合“万名干部下基层，精准帮扶解难题”“三走遍三签字”“四扶四建”等一系列活动，探索“党建+产业技术扶贫”模式，准确把握了当前农业、农村发展的脉搏，为新农村建设存在的痛点问题精准施策，以党建为引领，用产业技术培训的手段，增强了农民脱贫致富的“造血”功能。2017年，全市减少贫困人口17万余人，出列贫困村349个，全市贫困发生率下降至3%，宁远、双牌、江永3个扶贫开发工作重点县实现脱贫摘帽。永州市在全省脱贫攻坚工作考核综合评价中为一类市州第一，树立了永州样板。

第二节 内 涵

一、以产业扶贫作支点

我国在农村反贫困领域已经形成了生存型反贫政策、支持型反贫政策和开发型反贫政策三种类型的政策体系。扶贫已经从过去的救济式扶贫转变为开发式扶贫，开发式扶贫即在国家必要支持下，利用贫困地区的自然资源，进行开发性生产建设，逐步使贫困地区和贫困户实现自我积累并提高发展能力，依靠自身力量脱贫致富。产业扶贫是开发式扶贫的核心内容，2015年，国家主席习近平在减贫与发展高层论坛上首次提出“五个一批”的脱贫措施，即发展生产脱贫一批、易地搬迁脱贫一批、生态补偿脱贫一批、发展教育脱贫一批、社会保障兜底一批。在这“五个一批”之中，产业扶贫涉及对象最广、涵盖面最大，是实现精准扶贫的关键，是实现从“输血”扶贫到“造血”扶贫转变的重要途径。

产业扶贫即以发展和扶持贫困区域的特色产业为手段，大力扶持地方特色产业、提升贫困地区群众自身的发展能力，从而促进贫困区域人口脱贫致富的扶贫方式，其“开放式＋造血式”的帮扶模式对于破解欠发达区域的“久扶不脱贫”困境有着非常显著的效果。产业扶贫是一种通过区域产业发展带动贫困人口脱贫致富的扶贫开发方式。实现产业扶贫关键在于以下两条路径双管齐下：一是壮大产业，通过产业发展增加贫困地区自我发展的能力并积累社会财富；二是建立产业发展和贫困人口的利益联结，通过实现产业发展带动贫困人口脱贫。产业发展是产业扶贫的基础和关键，没有产业发展就没有产业扶贫。以产业为切入点，通过产业发展创造更多的社会财富以及就业和增收机会，增强贫困地区自我发展能力，解决区域整体贫困问题。产业扶贫的根本任务是提高贫困人口福利水平，建立贫困人口和产业发展的利益联结机制，使贫困人口能够参与产业发展过程，完善财富分配机制，使产业发展的成果能够惠及贫困人口，从而实现贫困人口的增收。

二、以产业技术扶贫作支撑

技术是人类为了满足自身发展的需求、实现社会经济发展，遵循自然规律，在长期利用和改造自然的过程中积累起来的知识、经验、技巧和手段的总和。美国经济学家肯德里克等人估算了劳动、资本和技术进步对经济增长的贡献大小，根据这一估算，技术进步在经济增长中的贡献占一半以上。农业科技是农业发展的第一推动力，我国农业发展已进入由生产主导型传统农业向技术主导型现代农业转变的新阶段，现代农业的发展过程实质上是先进科学技术在农业领域广泛应用的过程，是用现代科技改造传统农业的过程，在世界科技革命突飞猛进的背景下，农业科技对于促进现代农业发展起着至关重要的作用。2012年《关于加快推进农业科技创新持续增强农产品供给保障能力的若干意见》（2012年中央“一号文件”）指出，农业科技是加快现代农业建设的决定力量。实现农业持续稳定发展的根本出路在于科技，截至2012年，中国科技进步对农业增长的贡献率为53%，远低于发达国家70%～80%的水平，因此我国需要大幅度增加农业科技投入，推动农业科技跨越式发展。产业技术扶贫就是以产业为基础和原动力，以技术和培训为保障，通过培训提升农业劳动力的技术水平，发挥人民群众的主观能动性，变“输血”扶贫为“造血”扶贫的扶贫形式。与产业扶贫相比，产业技术扶贫突出技术的关键作用，并以培训促进技术水平提升、带动地区脱贫致富。通过培训、指导、试验、示范以及咨询服务等方式，把农业技术应用于农业生产的产前、产中、产后全过程，对实现产业扶贫、振兴农村经济，进而实现乡村振兴具有十分重要的意义。

永州市以优势产业为导向，发挥党组织在技术学习、技术推广过程中的引领和示范作用，创新党员教育培训的方式方法，发挥党建对“三农”工作的撬动效应，实现抓党建与抓技术、抓组织与抓产业、抓当前与抓长远的深度融合，最终实现脱贫攻坚目标，发挥示范效应。在实践中探索和形成了多种产业技术扶贫模式，包括农业特色产业扶贫（特色种植业扶贫和特色养殖业扶贫）、资产收益扶贫、就业扶贫、生态农业扶贫、电商产业扶贫、旅游扶贫等，具体将在第五章详细论述。

三、以“党建＋产业技术扶贫”作支柱

30 多年来，我国扶贫工作取得了举世瞩目的成绩，呈现出一条清晰的扶贫主线：改革扶贫→开发扶贫→攻坚扶贫→定点扶贫→精准扶贫，扶贫方式从最初的以资金扶贫为主转向以产业扶贫、产业技术扶贫为主。永州市在脱贫攻坚实践中将中央扶贫工作会议精神与实际情况紧密结合，深刻地认识到农村基层党组织是农村全部工作和战斗力的基础，并在实践中充分发挥党组织在扶贫开发工作中的战斗堡垒作用，从源头“把脉会诊”，创新工作模式，强化工作措施，把就地培育新型职业农民作为精准扶贫的突破口。针对农村党员和青年农民开展大规模专题培训，以培训促就业创业、以就业创业促脱贫，以产业发

展为核心、以技术为主线，全力做好脱贫攻坚工作，把基层党建与精准扶贫进行深度融合，以党建引领精准扶贫，实现从“输血”到“造血”的产业技术扶贫的华丽转身。“党建＋产业技术扶贫”模式，即“以党建为引领、培训为抓手、技术为关键、产业为基础、脱贫为核心、乡村振兴为目标”（见图1-2）。实践证明，开展农村党员和青年农民“党建＋产业技术扶贫”培训，既能实现快速脱贫，又能有效防止返贫，是从源头上拔掉“贫根”的有益探索，产生了良好的经济和社会效应，农民不再争相“戴穷帽”“念穷经”。从培训班里出来的“领头雁”们不仅带来了实用技术，还改变了村民们的思想观念，使他们逐渐放弃传统种养模式，开始尝试养虾养蟹、栽菜栽药、种树种花。一大批龙虾、甲鱼、藏香猪等特色养殖户蓬勃发展，反季节蔬菜、中药材等集中连片，呈现出“一村一品、一乡一业”的良好发展势头。

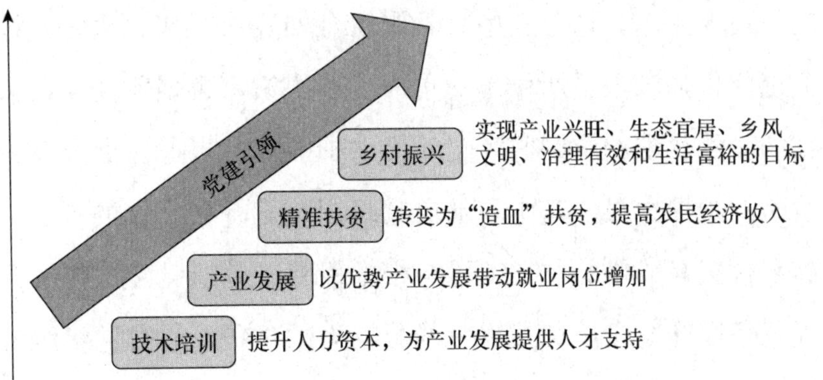

图1-2 永州市“党建＋产业技术扶贫”模式示意图

第三节　特　点

一、以党建为引领

中国共产党是中国人民根本利益的忠实代表，是中国特色社会主义事业的领导核心。只有坚持党的领导，才能始终保持现代化建设的社会主义方向，才能为社会主义现代化建设创造稳定的社会环境，才能调动各方面的积极因素，搞好社会主义现代化建设。我国改革开放40年创造了举世瞩目的奇迹，归根结底在于坚持党的领导，正如习近平总书记所指出的：“坚持党的领导，全面从严治党，是改革开放取得成功的关键和根本。”

党的十九大报告提出乡村振兴战略，并将其作为国家七大战略之一写入党章。这是党中央着眼于全面建成小康社会、向社会主义现代化强国迈进所做出的重大战略决策，也是实现人民共同富裕的必然要求。中国共产党是推动中国扶贫事业发展及乡村振兴战略的领导力量。其中，基层党组织是党开展工作的基石，是实施乡村振兴战略的主要力量与根本保障。基层党建工作的开展过程也是提升党在扶贫过程中的影响力的过程，通过党组织班子优化工程和骨干集聚工程，党组织班子和广大党员以强有力的思想政治工作以及引领和模范带头作用，带领群众积极参与核心技术的培训以及特色产业的创建发展，切实增强贫困群众脱贫致富奔小康的信心和决心，从而推动脱贫攻坚进程。基层党组织的质量，直接影响党的执政基础和群众基础。因此，打赢扶贫攻坚战、推动乡村振兴战略实施，需要基层党建的引领。

在脱贫攻坚和乡村振兴战略中，永州市基层党建工作正发挥着越来越重要的作用。永州市各县（区）因地制宜、大胆创新，开展党建与扶贫的联动机制，形成了"党建＋扶贫""党建＋产业扶贫""党建＋乡村治理""党建＋乡村旅游""党建＋合作社""党建＋产业发展"等多种模式的党建与扶贫联动机制（见图 1－3），为新型职业农民快速成长和乡村振兴建设提供了多种有效的可借鉴的模式。

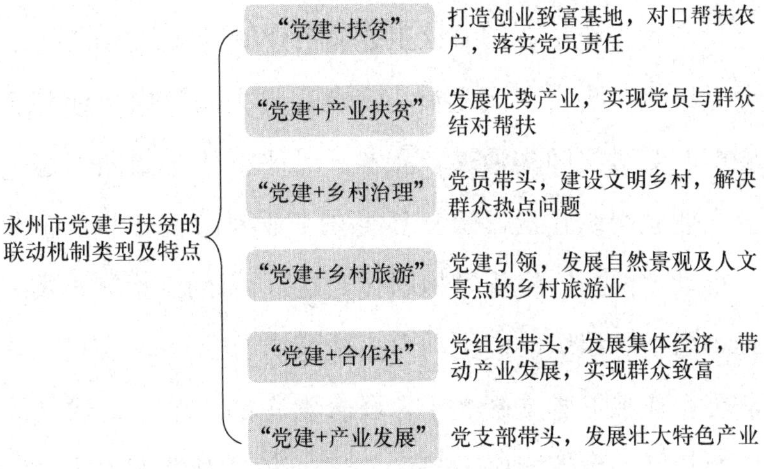

图 1－3　永州市党建与扶贫的联动机制类型及特点

为强化基层党建在脱贫攻坚和乡村振兴战略中的引领作用，永州市委大力实施农村人才培养工程，将农村党员和青年农民作为“党建＋产业技术扶贫”的“火种”（见图1－4），着力把优秀青年农民培养成党员、把优秀党员培养成村干部、把优秀村干部培养成村党组织书记，造就一批脱贫致富的带头人和引路人，为党的建设提供人才支撑。

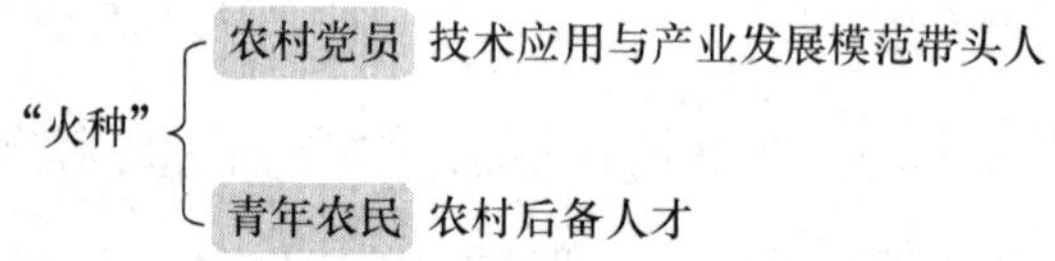

图1－4 “火种”构成

此外，永州市委充分调动非公企业基层党组织的积极性，对脱贫攻坚给予强力支持。道县工业园规划总面积10平方公里，已开发完成8平方公里，规模以上企业129家，规模总产值103亿元，是湖南省省级工业园。该工业园自建成以来，共批复26家非公企业党组织，现有正式党员115名。过去园区内企业和企业之间、党员和党员之间沟通交流很少，几乎处于半封闭状态。为加强非公企业党组织建设，道县县委在工业园区建立非公企业党建联盟，推动“两新”组织“抱团抓党建”，做到五指握拳发力，以此增强“两新”组织的内生动力。截至2018年8月，该工业园区已建非公企业独立党支部8个，联合党支部5个。新建立的4个党建联盟片区，覆盖园区56家生产企业。党建联盟大力推行“党员联训、活动联办、制度联建、阵地联创、服务联动、信息联通和党建工作联盟化”的“六联一化”工作模式，严格按照党的组织程序开展党建工作，将党的思想政治建设融入企业发展和日常工作的方方面面，激发了非公企业的党性意识，让流动党员有了归属感、荣誉感和成就感。园区的三雨电业永州捷宝电讯塑胶五金有限公司是党建联盟A区的牵头单位，总经理、党支部书记盘尚田经常组织辖内的其他企业党员深入贫困村开展精准扶贫工作，2017年以来，已经为贫困村的45名贫困户解决困难60余件。

党建联盟除了为入驻的“两新”党组织提供优质的党建业务指导外，还充分利用企业雄厚的人力资源支援脱贫工作和新农村建设。贫困党员曹光秀是个半文盲，干不了技术活，党建联盟三雨电业支部安排党员一对一帮助她学技能，为其身患残疾的丈夫解决蔬菜销售难题，帮助她的两个孩子免费在园区学校读书，全家还住进了园区廉租房。2017年，仅三雨电业党支部就带领47名困难户摆脱困境，实现了精准脱贫。在党建联盟的帮助下，园区内的湘浩茶油公司得到了长足发展，呈现产销两旺的态势。同时，该企业还为有意愿的建档贫困户提供专业技术辅导，并为其安排就业岗位。

在永州市党建工作中，与道县党建联盟类似的例子不胜枚举。例如，永州锦络电子有限公司党支部主动参与脱贫攻坚工作，与市供销社共同结对帮扶零陵区和谐村成功引进生态肉牛养殖，采用“公司＋合作社＋村集体＋贫困户”的模式，带动贫困户脱贫致富，实现集体经济发展、农民增收致富、各方互利共赢战略目标。湖南科力尔电机股份有限公司党支部积极助力脱贫攻坚，近年来，企业针对贫困户放宽条件，优先录用其到科力尔公司工作，先后向贫困村捐款6万元，在2017年祁阳县特大洪灾中捐赠20万元。董事长聂葆生、总经理聂鹏举共同出资200万元成立葆春慈善基金会，用于奖励优秀师生，资助贫困学生、贫困家庭和支持公益事业发展等。江华九恒集团党支部定点帮扶桥市乡将军冲村，为13名品学兼优的贫困学子提供5万元助学金，并捐资5万元用于修建村道门楼、改善村容村貌，计划在该村易地扶贫搬迁安置点先期引进一条可吸纳20名贫困劳动力的手工加工生产线，帮助20户贫困家庭每月增收1 500～2 000元，满足留守贫困劳动力生活、生产、增收“三不误”的需求。

二、以培训为抓手

目前，我国农村居民受教育程度普遍偏低，平均受教育年限约为7.69年，以初中学历为主。随着我国农业现代化进程的加快，农民迫切需要新知识、新技能，从而提高脱贫致富的内生动力。

2004年以来，中央“一号文件”均强调要加强我国农村劳动力的职业技能培训。2008年《关于切实加强农业基础建设进一步促进农业发展农民增收的若干意见》（2008年中央“一号文件”）指出，要大力培养农村实用人才，2010年《关于加大统筹城乡发展力度进一步夯实农业农村发展基础的若干意见》（2010年中央“一号文件”）强调，要增强农民科学种田和就业创业能力；2013年《关于加快发展现代农业进一步增强农村发展活力的若干意见》

（2013年中央“一号文件”）提出，要着力加强农业职业教育和职业培训；2015年《关于加大改革创新力度加快农业现代化建设的若干意见》（2015年中央“一号文件”）提出，要积极发展农业职业教育，大力培养新型职业农民，提高农民综合素质。永州市委认真贯彻落实中央精神，结合区域特点，在脱贫致富中以技术培训为抓手，引导党员和青年农民掌握和运用适宜本地产业发展的相关科学技术知识，发展优势产业和特色产业。作为党建的基础工程，对农村党员及青年农民进行教育培训，一方面要提高党员素质、增强党性意识；另一方面要以技能培训为主，以统一的科学技术规范、标准化的作业模式实现提升受训者人力资本的目标。永州市创造性地采用“课堂＋基地”的培训形式，坚持“农民需要什么，就培训什么”和理论与实践紧密结合的原则，以实践为主，突出现场互动式教学，从全市的脱贫攻坚示范点、种养基地、新农村建设示范点中精选53个作为现场教学点，统一授牌管理，把培训课堂设在“田间地头”“基地公司”，实现了“手把手地教、面对面地学”的“党建＋产业技术扶贫”培训目标（见图1－5）。

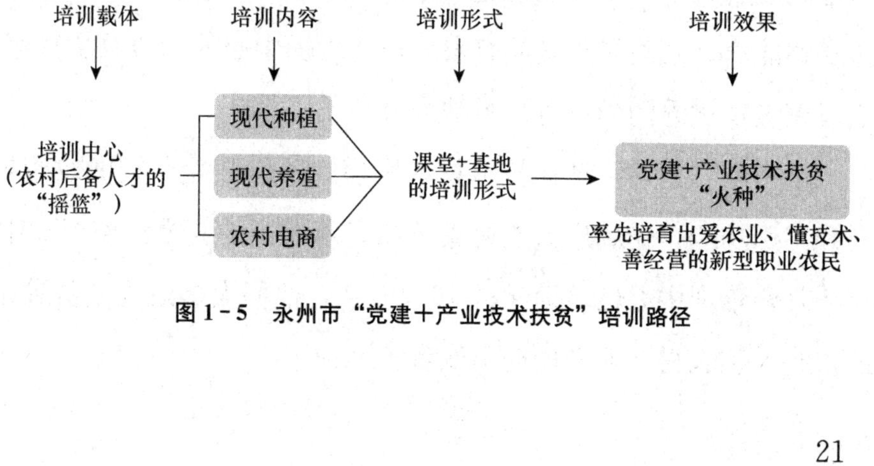

图1－5 永州市“党建＋产业技术扶贫”培训路径

培训突出党建引领，注重增强学员素质。教学内容包括党建课、公共政策课、专业技能课、实践操作课4大类，其中，专业技能课以种植业、养殖业、电商为主导，涉及20多个专业。所开设的“基层党建实务”“农村政策解读”“廉政教育”等课程，帮助学员了解基层党建业务和“三农”政策，接受廉政教育，将学员培养成为“致富能手”“技术里手”“党建高手”，成为夯实基层党建的主力军。

培训突出精准化，注重实效。创新“课堂教现场学”培训方式，健全教育培训机制，建设“跨院校跨行业”师资队伍，完善“重引导重跟踪”培训机制；因材施教，根据不同层次需求，开展精准化的培训服务。注重信息手段的应用和个性化的教育教学方式，让每一位学员在“菜单式”的教学中掌握脱贫致富的真本领。

培训突出技能，注重实用。农村党员和青年农民在参与培训中心的农业理论学习的同时，聚焦新型农业经营主体，参与实践基地的现场教学，以巩固理论知识、加深技术学习、提升农业技术实践能力。湖南果秀食品有限公司是培训中心的实践教学基地，实习中表现优秀的学员可被吸纳为公司正式员工。

永州市“党建＋产业技术扶贫”模式，因强化培训的政策导向和实用功能，受到广大农村党员和青年农民的喜爱。截至2018年7月，培训中心已培训学员16 600名，他们大多成为脱贫致富的带头人和农村产业发展的引航者。

三、以技术为关键

随着农业不断发展，农业技术进步的表现逐渐从农业生产技术、设施改进演变为农业生产过程的各个环节都有所进步，主要包括农业生产技术的进步、农业生产条件方面的技术进步、农业管理技术的进步、农业生产劳动者与管理者的技术进步等。依据对象的不同，农业技术进步基本上可以分成两大类：机械性技术进步和生物性技术进步。其中，机械性技术进步又称替代劳动型技术，是指对农业机械、农业生产设施等固定生产资料的开发改良，其显著效果是缩短单位生产物的劳动时间，大幅度提高劳动生产率；生物性技术进步又称替代土地型技术，是指对种子改良，化肥、农药等流动性生产资料的开发，以及对栽培方式和饲养方法的改善，其明显效果是提高土地生产率，稳定生产水平。

永州市是传统的农业大市，得天独厚的气候条件与丰富的水资源使得其发展种植业和养殖业比较具有优势。永州市历来是湖南省重要的粮食、烤烟、水果、油茶、木材、中药材、蔬菜等生产基地。永州市委结合区域优势和市场需求，开展以种植、养殖、电商、加工为主的技术培训（见图 1－6）。其中，种植技术主要包括油茶、柑橘等特色农产品的种植，养殖技术包括淡水养殖、泥鳅和大鲵等特色养殖，加工技术主要包括水果罐头、烤烟等，电商技术包括计算机和智能手机的应用技术、农产品传统电商平台建设与运用技术等。永州市为贫困群众提供生产过程中的技术培训、技术指导、技术咨询等，提高“造血”机能，强调发挥人的内生动力，以技术帮扶促精准脱贫。通过试验、示范、培训、指导、咨询等，把农业技术普及应用于农业生产的产前、产中、产后全过程。

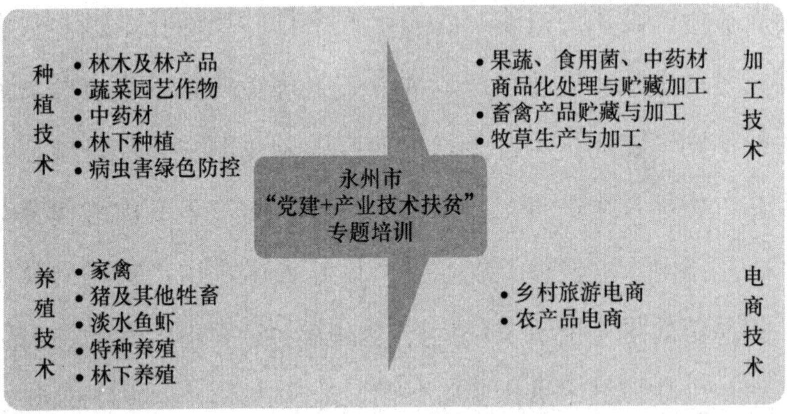

图 1－6　永州市技术培训内容

永州市“党建＋产业技术扶贫”培训的每一个环节和每一堂课都具有很强的针对性，充分体现了培训的技术性、实用性和持续性，从而大大加快了新型职业农民的成长步伐。例如，永州道县午田村青年农民朱习洪，于 2015 年返乡创立道县鑫森水产养殖专业合作社，建立海虾淡养基地，使之成为培训中心的教学实践基地，为中心的学员提供免费学习挖塘、淡化、养虾等技术的机会，基地每半个月接收一批学员培训。目前，有 7 人在朱习洪带动下从事海虾淡化养殖。通过淡化技术养殖的海虾由于品质和口感上乘，价格和利润较普通淡水虾更高，市场售价 50～60 元/斤。

培训中心的教学实践基地——湖南果秀食品有限公司，先后与中国农业科学院、湖南农业大学合作研发食用菌生产新技术，在杏鲍菇优质高产配方、精准性工厂化瓶栽工艺流程、杂菌污染绿色防控技术及环保节能技术等方面取得了突破，技术水平达到国际领先。公司获得了美国食品药品管理局、英国标准协会、国际食品标准、犹太认证、伊斯兰认证、中国ISO9001质量管理体系和危害分析和关键控制点认证、原料基地良好农业规范认证等；拥有国家发明专利14项、实用新型专利12项。2017年完成果蔬食品生产10.53万吨，实现工业总产值10.21亿元，出口创汇6 822万美元。拥有强大生产技术能力的湖南果秀食品有限公司团队优先为前来“取经”的学员提供优越的学习环境，让农村党员和青年农民不仅掌握了现代加工技能，还接受了现代农业企业先进管理理念的熏陶。

四、以产业为基础

农业产业是发展的根基，是脱贫的依托。薄弱的产业基础是导致贫困地区经济发展乏力、社会财富积累缓慢、贫困问题突出的主要原因。产业是财富创造的主要环节，产业的发达与否直接关系到居民收入水平的高低。农业产业能否实现可持续发展，主要取决于地方政府主导产业是否与所在区域的资源禀赋、市场条件相匹配。实行产业扶贫既能够增加贫困地区的社会财富，实现贫困人口的脱贫致富，同时又可增强贫困地区的自我发展能力，有效避免返贫现象发生。永州市委结合贫困村的区位特点和文化特色，发掘和精选地区特色产业，实现优势产业的壮大和发展。将党组织建立在产业链上，运用“组织联建、党员联管、项目联动、产业联育”方式，探索产业发展新道路，为贫困户带来长期受益空间。

2015 年中央“一号文件”提出推进农村一二三产业融合发展。2015 年年底，国务院办公厅印发《关于推进农村一二三产业融合发展的指导意见》，明确了具有中国特色的三产融合发展之路。永州市各地区因地制宜发展种植业和养殖业，并在此基础上开发田园综合体，进一步发展乡村旅游业，带动三产融合，实现各利益主体共享农业发展成果，拓宽农民增收渠道，保障农民增收（见图 1－7）。

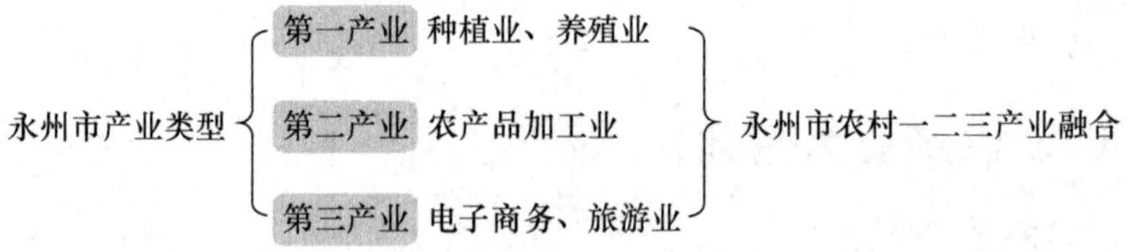

图 1－7　永州市产业类型

永州市将产业作为扶贫的前提条件，具体的思路和原则是：第一，突出特色选产业。综合考虑资源禀赋、产业基础、生态环境等因素，选择适合当地发展的特色产业，宜农则农、宜菜则菜、宜果则果、宜草则草、宜牧则牧、宜林则林，向特色要竞争力，向特色要生产力。第二，突出市场选产业。根据市场需求，大力推进农业供给侧结构性改革，适应消费结构升级的变化，在做优、做精、做特上下功夫，提高农产品供给的质量和效率。第三，突出绿色产业。牢固树立“绿水青山就是金山银山”的理念，用好用活贫困地区生态绿色牌，大力发展绿色产业，切实把资源优势转化为经济优势。立足资源环境承载力，加快转变发展方式，统筹生产发展与生态保护，确保农业可持续发展。第四，突出融合选产业。加快发展农产品加工业，着力推进精深加工，着力打造区域公共品牌。发挥贫困地区自然环境优良、文化底蕴深厚、民俗特色突出的优势，大力推进休闲农业与乡村旅游业发展，延长产业链，提升价值链，促进农村一二三产业融合发展。

湖南果秀食品有限公司拥有自有果园 10 万余亩，并有两个果苗基地，拥有中国南方最大的柑橘种苗基地，每年生产果蔬食品 10 万吨左右，生产高峰季节需员工 4 000 多人。按照“规模开发、标准生产、大户带动、统收产品”的思路，公司从柑橘、食用菌等果蔬种植产业入手，帮助联系村的果蔬种植大户制定产业发展规划，积极组织村民种植水果、蔬菜，大力推行“一村一品”，鼓励有能力的农户承包果蔬基地。同时，建立年生产 1 万吨的食用菌生产基地，每年收购木屑、玉米芯等农林产品废弃物 2 万吨，增加农民收入 600 万元以上。该公司集产品研发、果蔬基地、食品加工、包装制造、物流配送和国际、国内市场营销为一体，形成了一条完整的生态产业链。产品出口至美国、日本、欧洲等国家和地区，年销售额 8 000 万元。

湖南果秀食品有限公司的案例说明，只要选对了产业，就可以提升农业产业化水平，增强农民脱贫增收能力，实现“建一个龙头，兴一项产业，富一方农民”的目标。产业发展对扶贫的促进作用机制如图1-8所示。

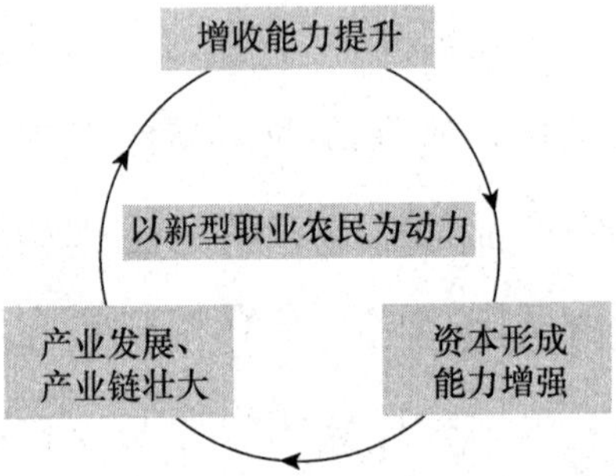

图1-8　产业发展对扶贫的促进作用机制

五、以脱贫为核心

永州市是传统的农业大市，2014年有2个国家级贫困县和3个省级贫困县、774个贫困村、约69万建档立卡贫困人口。近年来，永州市委把脱贫攻坚作为头等大事和第一民生工程，贫困人口从69万余人减少到21万余人。脱贫攻坚虽然取得了阶段性成果，但永州市委发现，在已脱贫的人群中仍然存在脱贫基础不牢固的现象，未脱贫人口则都是贫中之贫、困中之困。因此，实现脱贫攻坚目标仍是核心工作。

永州市各县（区）结合本地产业优势，创新探索出了独特的脱贫模式。例如，江华瑶族自治县探索了“产业＋金融＋兜底”

模式，对1.72万个无劳动能力、银行无授信的兜底贫困人口，由政府和经济组织共同担保争取小额信贷1.52亿元，以资产收益的方式，通过与温氏公司合作发展年出栏20万头生猪的养殖产业项目，实现兜底贫困人口“零负担、纯收益”的战略目标。“江华经验”在全国推广：江永县采取“政府＋企业＋银行＋贫困户”的“四位一体”运行模式，将企业与贫困户“捆绑”结成联股、联利的共同体，使“贫困户”变“股民”，从中受益；宁远县实施引导贫困群众在城区、园区、景区建设中创业就业，形成“产业＋金融”固定分红、龙头企业订单等产业扶贫模式；东安县采取“龙头企业＋贫困户”“农民专业合作社＋贫困户”“农村电商平台＋贫困户”的帮扶联结模式。

湖南果秀食品有限公司按照“统一组织、培训技能、优先上岗、长期聘用”的原则，带动了当地的新农村发展，帮助下岗工人再就业，帮扶返乡农民工再创业，每年为社会提供就业岗位超过8 000个，直接带动超过12 000个农户脱贫致富。其产业扶贫模式分为以下四种类型（见图1-9）：

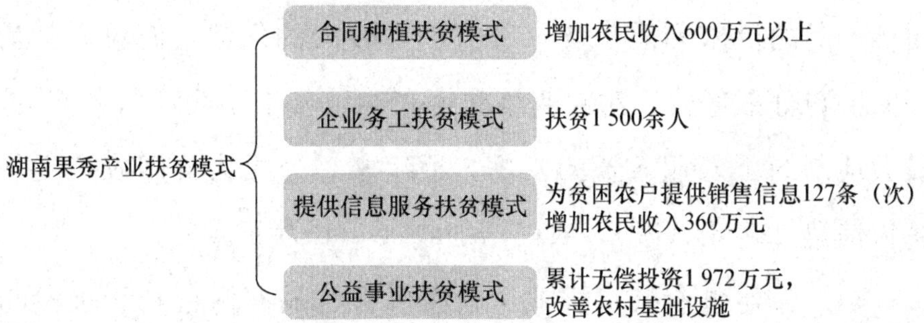

图1-9 湖南果秀食品有限公司产业扶贫模式

（1）合同种植扶贫模式。果秀公司的主要产品为果蔬罐头和食用菌鲜品，公司以资金、产品、技术为依托，农户以土地、劳动力为要素，形成了企业与农民之间“利益共享，风险共担”的利益共同体，农户按公司提供的标准化生产流程开展生产，公司与农民签订合同，以保护价收购果蔬产品。为了解决柑橘基地资金问题，按照公司、合作社、银行、大户“四方联保”的农业订单链式贷款操作模式，湖南果秀食品有限公司建立了8万亩优质柑橘标准化生产基地。

（2）企业务工扶贫模式。对联系村的富余劳动力转移问题进行统筹解决，优先招收农村贫困农户，免费对贫困户进行技能培训，在加工厂为贫困户优先安排合适的工作岗位，和上岗人员签订较长的用工合同，保证他们技能提高、岗位稳定和收入增加。近年来，仅公司罐头加工车间从联系村招聘的工人就达1 500 余人。

（3）提供信息服务扶贫模式。湖南果秀食品有限公司的果蔬罐头、食用菌产品畅销国内外，在满足国内外农产品特别是柑橘产品的供求和质量要求等方面有较大的优势，而农户多为一家一户分散经营，对农产品购销和质量要求不明，信息不灵，极大地制约了农业效益的发挥。近年来，公司为贫困农户提供销售信息 127 条（次），农民增加收入 360 万元。

（4）公益事业扶贫模式。湖南果秀食品有限公司积极参与各项公益事业，近 3 年公司累计无偿投资 1 972 万元，修建砂石路136公里、水渠28.6公里，开挖整修山塘156口，修建便桥6座，开挖水井38口，大大改善了产业扶贫村的基础设施，方便了群众生产生活，村民的生活水平有了显著提高。

永州市道县营江街道上汶村村民蒋楼喜在培训中心学习皇菊种植技术，后开办了公司，通过以下两种方式与当地农户进行合作：一是农户做帮工，包括加工和包装，公司优先考虑贫困户，女性工资80元/天，青壮劳动力200元/天；二是公司与农户签订协议，免费提供皇菊种植技术，已吸纳9户贫困村民，皇菊种植面积达86亩，年销售额近500万元。

六、以乡村振兴为目标

党的十九大报告提出实施乡村振兴战略，明确以“产业兴旺、生态宜居、乡风文明、治理有效、生活富裕”为目标，统筹推进农村经济建设、政治建设、文化建设、社会建设、生态文明建设和党的建设，本质是实现农业全面升级、农民全面进步、农村全面发展与农业农村的现代化，从而实现农民的脱贫致富，改善农村的落后面貌。其中，产业兴旺作为实施乡村振兴战略的基础，能够带动地区实现“造血”脱贫，实现治“贫根”的根本目标。

实施乡村振兴战略，是新时代做好“三农”工作的新旗帜和总抓手。要从产业振兴、人才振兴、文化振兴、生态振兴、组织振兴五个方面，统筹推进乡村振兴战略。其中，产业振兴是关键因素，如果缺少产业作支撑，或者产业凋敝，乡村振兴将成为空中楼阁；人才振兴是最为核心的因素，如果没有以新型职业农民为主体的乡村建设，乡村振兴将会举步维艰、寸步难行；组织振兴是保障，只有建强基层党组织堡垒，发挥“红色引擎”的引领作用，才能确保乡村振兴步履稳健。永州市实施的“党建+产业技术扶贫”源于脱贫攻坚战略，助力乡村振兴战略，是推动现代农村发展的具有前瞻性的“中转站”和“加油站”，具有强大的生命力（见图1-10）。

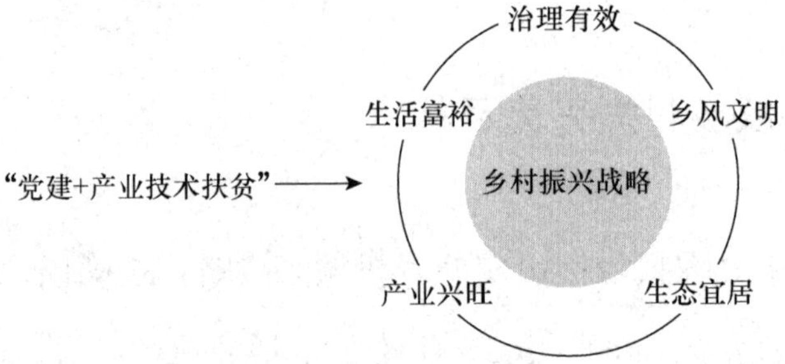

图1-10　永州“党建+产业技术扶贫”助力乡村振兴战略

在实施乡村振兴战略的过程中，永州市提出打造粤港澳大湾区优质农副产品供应基地，大力推进“一县一特”，每个县（区）培育形成一个高品质、有市场、能富民的产业的目标。大力培育特色品牌，围绕柑橘、油茶、茶叶等优势产业，整合资源，奋力突围，用3～5年时间，做大做强做特永州品牌。积极发展农村电子商务，打造“线上农业”，带动“线下农业”转型升级，为农业发展插上互联网的翅膀。要实现上述强农目标，必须以建强“三农”队伍为支撑。兴村先兴人，实现乡村全面振兴，教育是基础，人才是关键。永州市的“党建＋产业技术扶贫”培训，紧扣人才战略，坚持兴农为农、兴农强农、教农育农，用新思想转变农民思维，用新目标激发农民干劲，用新技能增强农民本领，用新机制服务农民成才，加快“一高两型”现代农村人才培养。实践证明，“党建＋产业技术扶贫”培训既能推动地区特色产业的发展和壮大，激发农村党员和青年农民的内生动力，实现贫困群众脱贫致富，又能延长产业链条，促进农村一二三产业融合发展，实现“产业兴旺、生态宜居、乡风文明、治理有效、生活富裕”的乡村振兴战略目标。

小　结

湖南省永州市“党建＋产业技术扶贫”模式是将就地培养新型职业农民作为精准扶贫的突破口，开展农村党员和青年农民大规模专题培训，以培训促就业创业、以就业创业促脱贫，从“输血”扶贫到“造血”扶贫的产业技术扶贫新模式，具有明显的“火种效应”。实践证明，开展农村党员和青年农民“党建＋产业技术扶贫”培训，既能实现快速脱贫，又能有效防止返贫，是从源头上拔掉“贫根”、根治“贫病”的有益探索，对于培育新型职业农民、推进抓党建促脱贫攻坚、培育农村后备人才等具有重要作用。本章主要介绍永州市“党建＋产业技术扶贫”

模式的形成过程、内涵，及其特点——以党建为引领、培训为抓手、技术为关键、产业为基础、脱贫为核心、乡村振兴为目标。这种模式成为我国“真扶贫、扶真贫、不返贫”的永州样板。

第二章
农村基层党建引领的创新

永州市现辖9县2区、2个管理区、1个经济开发区、1个农科园区，151个乡镇、30个街道办事处，2 950个行政村、347个社区（居委会）。现有基层党组织13 967个（其中基层党委537个、党总支1 439个、党支部11 991个），党员272 433名。在省委的精心指导和市委的正确领导下，永州市扎实开展基层党组织“五化”建设，即支部建设标准化、组织生活正常化、管理服务精细化、工作制度体系化、阵地建设规范化。建设农村综合服务平台1 939个，9个省级园区党群活动服务中心全部建成并投入使用，编写的《党员手册》《党支部工作手册》《乡镇（街道）党（工）委党建工作手册》，由中共中央党校出版社公开出版。永州市通过加强基层党组织工作平台建设、规范党建资料台账、完善基层党建组织、运用新媒体宣传基层党建经验、开展“党建+产业技术扶贫”培训等创新机制，引领永州市党建促脱贫工作走在全省、全国前列。

第一节　机制创新

一、基层党建平台全覆盖

实施产业技术扶贫，需要将帮扶措施落实到贫困户，因此，加大农村基层党组织工作平台建设力度，建立一个体系完善、功能健全的基层党组织工作平台迫在眉睫。2017 年，永州市委组织部通过《2017 年全市基层党建工作要点》《2017 年全市基层党建工作考核指导方案》，向各县（区）提出了基层党建工作要切实抓好基本阵地建设的要求，重点建设好两个平台（农村综合服务平台、“党务通”信息管理平台）和两个中心（园区党群活动服务中心和实用技术培训中心）。按照“六个统一标准”（统一外观设计、统一功能布局、统一平台系统、统一办公制度、统一配备人员、统一资金保障）的要求，从规划、功能、管理等方面认真进行谋划，加快农村综合服务平台建设。2017 年，全市 60％的乡镇、村级农村综合服务平台建设达标，预计到 2020 年实现基层党建平台全覆盖。

农村综合服务平台包括党建活动室、图书室、文体室、医务室、便民服务中心、留守儿童学习室、信息管理平台等，集信息、管理、服务为一体，以切实提高党建工作的智能化、信息化水平。

典型展播 >>>

高贤村建服务平台让村民“办事不出村”

高贤村地处贤水河与人何公路交会处，毗邻周家大院和何仙姑花海景区，是零陵区“永州之野”美丽乡村旅游精品线路上的一个节点。全村有15个村民小组，460户，1779人，党员46人。

近年来，高贤村村“两委”依靠基层党建力量，将一个贫困落后村建设成了永州市文明村、零陵区美丽乡村、小康建设示范村，建起了高标准的村级服务管理平台，成功打造了“荷塘月色”万亩荷花基地等旅游产业，引领全村人民吃上了“旅游饭”。

高贤村农村综合服务平台和党组织制度建设主要体现在两个方面：(1) 突出“建管”结合，提升服务平台功能。第一，高标准“建”。2017年，新建占地面积约800平方米的高标准新农村综合服务平台，配有2台65寸触摸显示屏的电脑、5台监控设备、1台考勤机等诸多电子设备。设有综合服务大厅、大会议室、监控室、书记面对面办公室、健身器材室、留守儿童亲情交流室等场所，硬件软件一应俱全。第二，严要求“管”。制定《高贤村村级服务管理平台管理细则》，明确了责任人、管理员、操作员的队伍和职责，确保有人办事。第三，重实效“用”。按照“成熟一项推行一项”的原则，将涉及党务、卫计、民政、人社、工会等部门的40多项服务事项纳入平台办理，并进行年终考核，真正做到了让村民“办事不出村”（见图2-1）。(2)围绕“五化”建设，创建先进基层党组织。落实“支部为主、党员先行”工作机制，配齐配强班子，增强支部活力。在管理党员方面下足功夫，严格执行党员积分管理制度，每季度张榜公示党员积分，设立党员教育基地、培训基地，每季度安排专人给党员上课，为高贤村党员提供新知识、培养新型农民；扎实开展村务监督月例会制度，凡属村级重大事项需要经过“四议两公开”程序，同时扎实开展为民服务全程代理、岗位承诺等制度，获得了村民的一致好评。

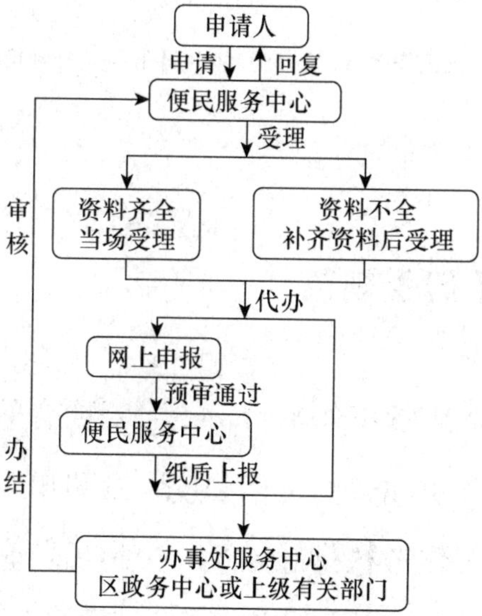

图2-1　高贤村便民服务中心代办事项流程图

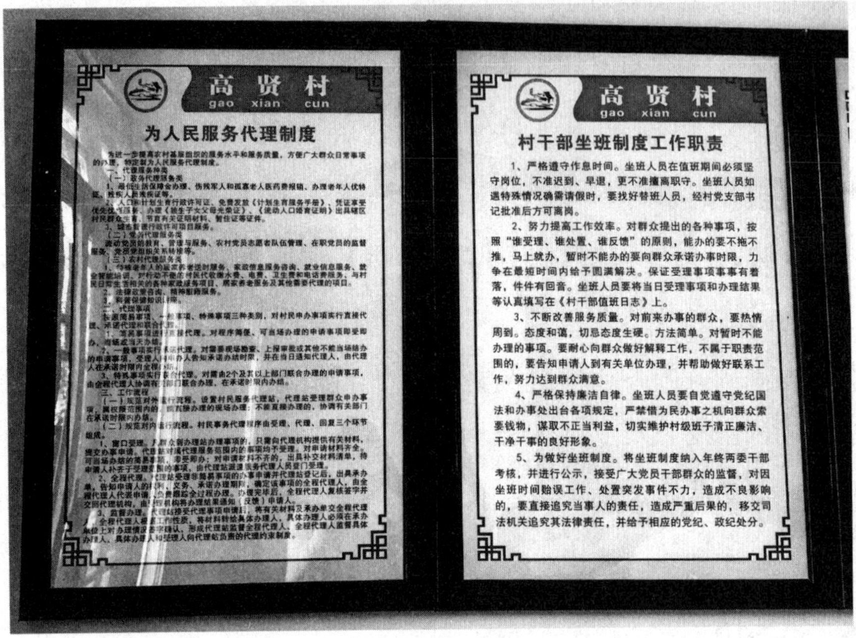

高贤村《为人民服务代理制度》和《村干部坐班制度工作职责》

二、党建手册强规范

健全的基层党组织工作平台，还需要更有效的工作方法、更严格的工作作风和更完善的工作制度。永州市委组织部在《2017年全市基层党建工作考核指导方案》中指出，基层党建工作还要注重从基础工作抓起，从规范资料台账抓起。为此，永州市委组织部制定并正式出版了《党员手册》《党支部工作手册》《乡镇（街道）党（工）委党建工作手册》，通过标准化建设来全面夯实基层党建基础，为引领农民脱贫攻坚提供条件。2018年，在三本党建手册付诸使用一年的基础上，又根据基层党员的需求，按照农村党员、机关党员、企业党员等不同群体类别，修改完善为七本党建手册，基层党建“五化”建设迈上新台阶。

典型展播 >>>

鱼桐村的“致富台账”

鱼桐村位于宁远县文庙街道，村党总支共有56名党员，2个党支部，4个党小组。宁远县委组织部统一制作了《村（社区）党委（总支、支部）工作手册》，鱼桐村按照工作手册要求，认真填写党员基本情况、党员名册、发展对象名册、农村党员青年农民培训台账、党员联系帮扶困难群众台账、党员领办创办致富台账等，规范了基层党建的资料台账，使党组织工作制度化、规范化和常态化。通过制度优化的党组织引领，鱼桐村近年对外出务工等能人情况进行摸底，引入了欧水发等能人回乡担任村干部，带领村民致富。同时，通过永州市农村党员和青年农民培训，涌现出一批“党建＋产业技术扶贫”的典型人物，如吕冬明、欧日波和邓小燕等（见表2－1）。

表2－1　　宁远县鱼桐村“党建＋技术产业扶贫”典型人物

序号	姓名	政治面貌	职务	扶贫效果
1	欧水发	党员	支部书记	主动放弃在外跑运输和开办碎石场的工作，回乡担任鱼桐村党支部书记；捐款4000元，带领村民建好村民活动中心；参加培训中心的种植技术培训，将技术服务于村民；长期资助村里的孤寡老人

续前表

序号	姓名	政治面貌	职务	扶贫效果
2	吕冬明	党员	村主任	参加培训中心种植业培训后，带动周围农民参与到种植产业发展中，将学习到的蔬菜种植技术、杀虫技术无偿传授给村民，目前已带动贫困户吕初华和吕春华每年增收 8 万元
3	欧日波	党员		参加培训中心的种植业和养殖业培训，掌握种植技术后发展种植业，带动鱼桐村及周边 20 户农民参与产业发展，带动的参与者中包括一位贫困户
4	邓小燕	群众		身为贫困户，在参加培训中心种植培训后，种植蔬菜 20 亩，年收入约 5 万元
5	欧和付	群众		从广东返乡后，投资 300 万元开设陶瓷勺子加工厂，现已是入党积极分子
6	吕春华	党员		种植 80 亩蔬菜，年产值 30 万元，雇用村民 10 余人

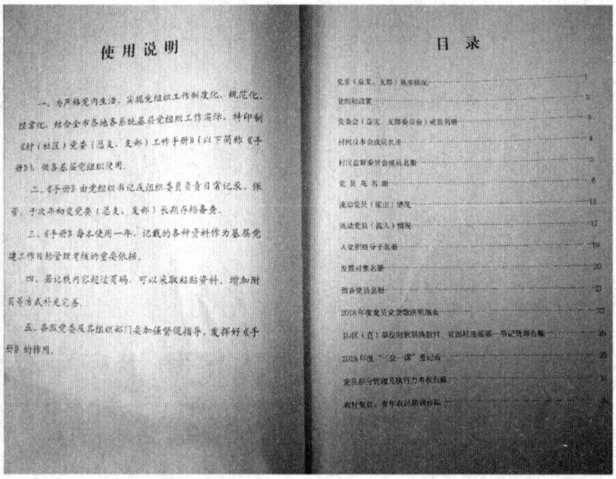

鱼桐村党总支工作手册

三、青年党支部建新业

如何化解基层组织干部队伍后继乏人的困境、强化党组织核心引领作用已成为农村基层党建的一个重要课题。而作为行之有效的载体，青年党支部不仅能集约管理农村优秀青年党员，还可以培养和吸收优秀青年入党，聚集农村优秀人才，为基层党组织和新农村建设发展有生力量。永州市建立青年党支部，培养和吸收返乡能人入党。在入党程序上，须通过延伸考察、跟踪纪实、社会评价、多向公示等多个环节，从源头上保证青年党员的质量，并借力群众评判，选出一批组织认可、发展潜力大、示范作用强的优秀青年党员，使农村党员队伍结构得到明显优化。

典型展播 >>>

文庙街道展青春力量

宁远县为进一步优化全镇机关和农村党员结构，搭建了农村青年和青年党员教育培养平台，建立了青年人才和优秀人才数据库；每个乡镇均成立青年党支部，考察吸纳优秀青年入党，避免出现因为宗族势力不均等原因导致优秀青年无法入党的问题。青年党支部成立后，紧紧围绕人才振兴战略，吸收农村优秀青年人才加入党组织，优化基层党员队伍结构，提升农村党员质量，化解村级组织干部队伍后继乏人的困境，为推动当地经济社会跨越式发展注入青春力量。宁远县文庙街道根据省、市、县委组织部门的安排部署，于2018年7月成立了宁远县文庙街道青年人才党支部。该支部的成立为青年党员提供了成长平台，为基层党建工作增添了新活力，拓展了党建思路。通过创新工作载体、增强服务水平，街道内的许多农村青年特别是返乡青年主动向组织靠拢，他们将成为乡村振兴战略中的新生力量。

四、拓展党建信息平台

开展“新媒体＋基层党建”是新形势下夯实党的战斗堡垒、永葆党组织旺盛生命力的有益探索。随着互联网技术日新月异，新媒体宣传平台已成为广大党员群众了解党建信息的重要渠道。永州市运用新媒体技术，构建科学合理的新媒体党建平台，使之成为党建创新工作方式、转变工作思路、提高工作成效的重要手段，为“党建＋产业技术扶贫”提供了强大的信息支持。

典型展播 >>>

“永组在线”讲好地方党建故事

永州市在依托传统网站宣传党建的基础上，顺应时代发展，建立党员微信公众平台“永组在线”，向党员提供党纪党规、党史党章、党建工作业务知识等内容，党员可以根据自身的需要和实际来选择学习内容，获取信息和资源，有效地提高了党员学习的积极性和针对性。为了推动各区县和乡镇党委书记抓好基层党建，进一步落实工作责任，不断提升基层党建工作的质量和水平，“永组在线”特开设“基层党建进行时”栏目，报道县（区）、乡（镇）党委书记和县（区）委组织部部长抓基层党建工作促脱贫的成果。永州市建立的“新媒体＋基层党建”模式，利用互联网优势，将党的方针政策、党员知识以及基层党建的经验等内容，于第一时间在党建平台上发布。截至2018年7月底，已发布百余篇基层党建相关报道。永州市这一做法改变了传统宣传方式的局限性和滞后性，为永州市党建引领产业技术脱贫创新了工作方式，提升了工作成效。

五、培训呈现六大转变

永州市委通过开展“万名干部下基层，精准帮扶解难题”“三走遍三签字”“四扶四建”等活动，对农村扶贫问题摸实情、寻贫根，找到了制约农村发展的瓶颈所在。2017年5月，永州市启动农村人才培训战略，创建培训中心，要求发挥培训示范作用，搭建全市统一的实用技术培训平台，大规模开展“党建＋产业技术扶贫”培训，以此带动脱贫攻坚、实现乡村振兴。为了让广大农村党员和青年农民学员尽快学到真本领，把农民培训这项工作抓实抓好，永州市委高位推动，克服了诸多困难，同时也取得了良好效果。以培训教学为例，永州市“党建＋产业技术扶贫”培训就实现了从外延式扩张向内涵式发展的转变，其主要转变主要体现在以下几个方面：

（1）培训规划从碎片化转向系统化。改变过去农民培训多部门、多层次分块分层组织的形式，由市委牵头进行顶层设计，整合涉农部门、财政、党校、扶贫、组织等职能部门资源，以永州市工业贸易中等专业学校（以下简称“永州工贸学校”）为依托，创建培训中心，并积极争取农业部支持，探索院地合作模式，创建“农业部管理干部学院实践教研基地”和“永州市农村党员和青年农民培训中心”，实行统一调配培训资源、统一安排参训学员、统一设计培训内容、统一进行培训管理，发挥了培训的整体效应。

（2）培训内容与主导产业、市场相结合。“培训中心”以需求为引导，在广泛调研的基础上，围绕永州主导产业和特色农业，开设了现代种植、现代养殖、农村电商 3 大实用专业技术，下设 20 多个小专业，组织编印了 3 本教材，由农民自主选学参训专业，变“大水漫灌、走马观花”为“精准滴灌”，极大地调动了农民参训的积极性。

（3）培训方式双元化。将传统的课堂教学改变为“课堂＋基地”培训模式，坚持实践为主，突出现场互动式教学，从全市范围精选出53个脱贫攻坚示范点、种养基地、新农村建设示范点作为现场实践基地，统一授牌管理，把培训课堂设在“田间地头”“基地公司”，注重理论与实践的结合，使学员树立了信心、掌握了真本领。

（4）培训效果跟踪。改变过去培训“一训了之”、对培训的效果缺乏评价的不足，坚持学用结合、跟踪服务。市委组织部切实履行牵头抓总、组织协调职责。建立学员之间、学员与种养大户之间、学员与教师之间学习交流的平台，做到资源互享、信息互通、经验互学。对每名学员结业后的学以致用情况进行全程跟踪，通过建立网络课堂、组织教师定期回访、安排现场指导、创建微信群和QQ群等方式，提供技术服务，解决学员“训后之忧”，掌握培训后的脱贫效果。

（5）党建与脱贫兼顾。一方面，培训既教授技能，又启发思想、开阔眼界、激发动能，“能人带动、大户带动、产业带动”的蝴蝶效应越来越明显。另一方面，把优秀青年农民培养成党员、把优秀党员培养成村（社区）干部、把优秀村（社区）干部培养成村（社区）党组织书记，使之成为培养农村后备人才的摇篮，为村干部队伍建设提供了活水源头。

（6）培训对象以农村青年党员和干部为主。为提高培训质量，永州市将培训对象聚焦于农村青年党员和干部，选择有发展潜力、有创业基础的农村党员和青年农民进行培训。截至2018年7月，

“培训中心”共培训党员1.2万余名。通过有重点、高强度的培训，培养出一批农村实用人才“火种”，点亮了产业脱贫新天地。此外，“培训中心”还采取“农民点单、政府买单”的方式，对农民进行免费培训。

第二节　培训中心

一、新一代农民党员成长的摇篮

永州市根据农业供给侧结构性改革的要求和贫困群众的内在需要，把就地培养新型职业农民作为精准扶贫的突破口。永州市委制定了农村人才培训战略，提出创建培训中心，以永州工贸学校为依托，大规模开展“党建＋产业技术扶贫”培训，用“培训中心”来培养农村后备人才，用技能课堂来提高贫困农民的“造血”功能，用党建理论武装新一代青年农民的头脑，计划用4年时间免费培训5万名农村党员、青年农民致富带头人。截至2018年7月，已经培训16 600名学员。

二、农村后备人才“蓄水池”

农业副业化、农民老龄化、农村空心化是当前存在的突出问题，农村党员老龄化和农村干部青黄不接的现象日益凸显。永州市针对这一现状，通过“培训中心”这一平台，坚持站在巩固党在农村执政基础的高度设计、实施和评价培训，把坚持党的领导、强化党的意识、加强党的建设贯穿到培训全过程，既用技能培训来增强贫困农民的“造血”功能，又上党课、讲党话，以班次为单位设立临时党支部，帮助学员过好党内政治生活，用党的创新理论武装新一代青年农民的头脑，全面提升农村党员、青年农民的综合素质，包括思想政治素质、科技文化素质、道德素质、法治素质等。把扶贫、扶志、扶智结合起来，提高学员致富带富能力和农村综合治理能力，将优秀青年农民培养成党员、优秀党员培养成村（社区）干部、优秀村（社区）干部培养成村（社区）党组织书记。培训效果在2017年上半年的村（社区）“两委”换届选举中得到了直接的检验。已参加培训的农村党员和青年农民中，有345名学员经过换届选举新进入村（社区）“两委”班子，其中67名学员成为新一届村（社区）党组织书记。典型人物如吴永生、杨义勇和郭小刚等（见表2-2）。

表2-2　　2017年培训中心农村后备人才典型

序号	姓名	期数/班级	政治面貌	家庭住址	培训后当选职务
1	吴永生	1期养殖4班	党员	道县白芒铺镇吴家村	村主任
2	杨义勇	3期种植2班	党员	宁远县文庙街道恩里村	村支部书记
3	郭小刚	6期种植1班	党员	祁阳县大忠桥镇江边村	村主任

2017 年 7 月 20 日，农村党员和青年农民参加永州市“党建+产业扶贫”第八期培训班开班式

三、为乡村振兴培育脱贫“火种”

永州市抓住重点人群，培育大量脱贫“火种”。把农村党支部书记、有一定发展基础的种养大户作为培训的重点对象，抓住“关键少数”，发挥好示范带动效应，真正让农民学有榜样、干有方向。注重对村党组织书记的培训，发挥党员示范带动作用，用这批“火种”点燃脱贫攻坚主战场。截至 2017 年年底，参加培训的 1 万多名学员带动周边群众 4 万余人脱贫致富，实现产业增收 3.6 亿余元。如村干部田小军、冯德友、何流勤等人通过永州市“党建+产业技术扶贫”培训成为致富能手，并利用所学带领村民发展生产、造福一方，成为脱贫“火种”（见表2-3）。

表2-3　　永州市2017年培育脱贫“火种”典型

序号	姓名	期数/班级	政治面貌	职务	家庭住址	产业扶贫情况
1	田小军	3期养殖1班	党员	村主任	祁阳县三口塘镇里塘村	带动3户村民养猪，年出栏生猪3 000多头
2	冯德友	11期养殖2班	党员	村支部书记	冷水滩区牛角坝镇雷溪坪村	组织群众养殖蛋鸡12 000余只，带动10户村民发展规模蛋鸡养殖，日产蛋6万余枚，带领群众脱贫致富
3	何流勤	8期种植1班	党员	村会计	江永县桃川镇向阳村	带领村民发展香柚种植200多亩，合作社社员40余户，带领全村脱贫

第三节　党建引领的类型与特点

永州市党建促脱贫工作充分发挥了各县（区）基层党组织的自主能动性，涌现出了具有不同特点的“党建+”扶贫模式。梳理和分析各县（区）不同形态的“党建+”扶贫模式，可以将永州市党建引领扶贫模式分为“党员帮扶贫困户”“党员创办合作社”“党组织引领产业”三大类型（见表2-4）。其中，“党员帮扶贫困户”是指有帮扶能力的基层党员结对帮扶贫困户，发挥党员“传帮带”的作用；“党员创办合作社”是让基层能人党员或干部带头创建合作社，从而辐射带动村民脱贫致富；“党组织引领产业”是指基层党组织依托镇、村的资源优势，打造适合发展的产业，带动贫困户脱贫致富。

表 2-4　　永州市党建引领扶贫三大类型

类型	乡（镇）	措施	绩效
党员帮扶贫困户	祁阳县浯溪街道	开展“抓党建助脱贫攻坚”活动，通过党员“传帮带”，街道 1 236 名党员与贫困户全部进行结对帮扶	2017 年，落实帮扶措施 1 020 件次，贫困人口 310 人脱贫
	东安县水岭乡	全乡 326 名党员带头结对帮扶贫困户 470 户	2017 年，脱贫人数 130 人，人均年增收 5 000 元以上
	蓝山县所城镇	各村成立党员带头的应急分队，结对帮扶贫困户	2017 年，实现了所城、南风坳两个贫困村脱贫摘帽，506 户脱贫
	祁阳县茅竹镇	组织 10 名骨干党员与 65 户贫困户结成帮扶对子，建立党员示范棚和贫困户示范棚	2017 年，贫困人口人均增收 5 000 元以上，村集体经济年收入在 10 万元以上，实现整村退出贫困村行列
党员创办合作社	新田县金陵镇	组织各村创建党员带头创业致富示范基地，打造科智公司（小源村扶贫车间）、顺丰种植专业合作社、韵绿种植专业合作社、细妹家庭农场等一批党员带头创业致富示范基地	带动 400 余户贫困户共同致富，2017 年全镇实现 1 465 人脱贫，2 个贫困村摘帽
	新田县骥村镇	全镇 26 名党员干部带头成立各类专业合作社发展产业	引领 300 余户贫困户脱贫致富，2017 年全镇 187 户，787 名贫困人口实现精准脱贫
	道县四马桥镇	燕山村党员吴国文带头成立麒麟瓜种植合作社，种植面积 1 000 余亩	2017 年底，辐射带动全镇 87 户 384 名贫困人口脱贫致富
	蓝山县荆竹瑶族乡	江源村村支部书记赵雪旺自筹 300 万元创办江源道地药业种植合作社，种植七叶一枝花、重楼、白及等中草药 200 多亩	安排 80 余名贫困人口就业

续前表

类型	乡（镇）	措施	绩效
党组织引领产业	宁远县湾井镇	依托下灌村旅游资源，村党委引领实行景区带村，开展旅游扶贫	2017 年，全镇脱贫 1 298 户、5 352 人，3 个贫困村顺利出列
	双牌县塘底乡	由村党支部带领，黄泥山村梅花鹿养殖、珍珠村金秋梨种植等产业已初具规模	2017 年，320 户 1 220 人贫困户全部脱贫
	江华瑶族自治县湘江乡	桐冲口村采取“党支部＋村集体经济”的发展模式发展小黄姜种植产业 中央新村由党支部牵头，以资金入股形式与涔天河大闸蟹养殖合作社签订入股合同	桐冲口村 2017 年集体经济收入达 6 万元 中央新村 2017 年集体经济收入达 3 万元
	金洞管理区凤凰乡	党支部引领打造苗木花卉基地 3 000 余亩	苗木花卉基地年产值达 2 000 余万元

人才资源是决定脱贫攻坚成败的第一要素。在这党建引领扶贫的三大类型中，永州市紧扣农村人才培训，充分发挥农村党员的引领示范作用，通过“党员帮扶贫困户”“党员创办合作社”“党组织引领产业”实现了全市脱贫的倍增效应，广大农村贫困户受益匪浅。

第四节　党建引领扶贫典型案例

一、宁远县——党建力量向脱贫攻坚聚合

宁远县辖 20 个乡镇街道、410 个行政村，现有农村党委 31

个、党总支140个，党支部239个，农村党员21 172名。贫困村119个，原有贫困人口106 266人，现已脱贫100 810人，未脱贫5 456人。近年来，该县充分发挥党建引领作用，坚持工作向脱贫攻坚聚焦、资源向脱贫攻坚聚集、力量向脱贫攻坚聚合。宁远县连续三年被评为全省脱贫攻坚先进县，2018年4月脱贫摘帽。在脱贫摘帽过程中，党建发挥了积极的引领作用。

（一）注重全面提升基层党组织的组织力，夯实基层基础

全面提升基层党组织的组织力，把每个农村党支部都打造成引领脱贫攻坚的坚强战斗堡垒。

1. 实行“双培双带”

把能人培养成党员，把党员培养成能人，把能人党员培养成村干部，把村干部培养成乡镇党政干部；党员带头致富，建立青年人才和优秀人才数据库，把他们发展成党员；每个乡镇均成立青年党支部，考察吸纳优秀青年入党，避免出现因宗族势力不均等原因导致优秀青年无法入党的问题。

2. 筑牢脱贫“桥头堡”

（1）实施“能人治村”工程，特别注重选优配强贫困村的村主干，把能人请回村返乡创业、担任村干部，全县请回87人返乡担任村支书等村干部，67%的贫困村实现了“能人治村”。例如鲤溪镇五福村的李庭胜在东莞开设儿童蹦蹦车厂，得到返乡邀请后，他每月花4万元雇人管理，自己则返乡担任村干部，治理乱村成效显著，该村获得2017年“七一”表彰。（2）开展

软弱涣散基层党组织整顿，建立“县级领导＋帮扶单位＋党委（工委)＋驻村干部”的“4＋1”包抓模式，建强脱贫攻坚的战斗堡垒。2017 年以来，共转化提升了软弱涣散基层党组织 41 个。(3) 建强脱贫攻坚队。永州市允许选拔优秀村干部直接到乡镇党政事业单位担任正副科级领导，激励了村干部努力工作。凡是 45 周岁以下，满足一定文化程度要求，工作满 3 年，其中 2 年考核成绩优秀者，即可参加选拔。近两年宁远县选拔 12 名优秀干部进入乡镇领导班子，典型优秀干部信息如表 2－5 所示。同时，要求县直单位抽调的 121 名乡镇干部全部返回原岗位，并明确规定任何单位不得从贫困地区乡镇抽（借）调人员。2017 年新招录的 34 名公务员全部被安排从事扶贫工作，同时，精准选拔 130 余名优秀干部到村担任第一书记，实现了这一制度在贫困村、软弱涣散村的全覆盖。

表 2－5　　　　宁远县优秀村干部选拔为乡镇干部信息表

序号	姓名	出生年份	学历	选拔前任职	选拔后任职
1	冯永贵	1975 年	专科	先后任桐木漯瑶族乡小源村村主任助理、村会计和村支部书记	棉花坪瑶族乡副乡长
2	何　明	1979 年	大专	中和镇蟠龙井村支部书记	中和镇副镇长
3	欧碧珍	1973 年	本科	文庙街道株木山村支部书记	仁和镇党委委员、纪委书记
4	王承利	1976 年	大专	先后任鲤溪镇大山窝村支部书记、鲤溪镇白云岩村支部书记	五龙山瑶族乡党委委员、纪委书记

3. 大力实施结对帮扶“4321 工程”

按照县处级干部和村支“两委”干部 4～5 户、科级干部 3～

4户、一般干部职工2～3户、“两代表一委员”和经济能人1～2户的要求，与贫困户结对帮扶，9 000余名党员干部与2.7万户贫困户结“穷亲”，汇聚起党群一心脱贫攻坚的强大力量。

4. 打造脱贫“新平台”

宁远县坚持以人民为中心，投入2.5亿元，采取新建一批、改扩建一批、完善功能一批的方式高标准建设410个农村综合服务平台，实现了农村综合服务平台提档升级全覆盖。通过“立足平台推动党建＋产业，运用平台推动党建＋治理，拓展平台推动党建＋文化”等方式，把群众的意愿统一起来，把群众的力量组织起来，把群众的利益链接起来，致力于把每一个农村综合服务平台打造成脱贫攻坚的红色阵地、守望乡愁的精神故园。

（二）注重示范带动，大力发展产业

1. 引领带动

宁远县鼓励村“两委”领办合作社，完善“党支部＋合作社＋贫困户”等模式，下灌、新塘、西湾等40多个村资源变资产、资金变股金、农民变股东，走出了党建引领产业发展的新路子。结合乡村振兴战略，重点开发九嶷山景区、国家级现代农业产业园等九大产业项目。宁远县计划年投入400万元，创建集体经济发展示范村，辐射带动贫困村集体经济发展。其中，投入5万元以上的村有103个，投入10万元以上的村有22个。

2. 人才撬动

坚持“人才是第一资源”，推进人才发展与脱贫攻坚深度融合。每年投入人才工作经费 1 000 万元，建立全省首家院士工作站，引进创新创业团队 5 个、急需紧缺高层次人才百余名，孵化舜天恒禾、湖南观音山生物技术等 2 个特色扶贫产业示范基地，5 800 余名贫困户从中受益。同时，宁远县下派科技人员到贫困村开展科技下乡活动的工作者 36 名，培育 80 余个特色产业，增加经济收益 2 000 余万元。

3. 多维推动

重视做大农业产业，培育和壮大烤烟、药材等特色种植以及温氏养猪、九嶷山兔等本地特色养殖产业，促进全县各类新型农业经营主体借力发展。2017 年，宁远县完成特色种植 24 万亩，发展温氏生猪、九嶷山兔、大鲵等规模养殖户 200 余户，培育文化旅游企业 10 家，新型经营主体 60 个，带动 4 300 余贫困人口增收致富。

（三）注重扶志扶智，激发内生动力

坚持扶贫与扶志、扶智相结合，物质脱贫与精神脱贫同步抓。

1. 改进帮扶方式

改变扶贫方式，突出在思想上“扶志”、能力上“扶技”。宁远县采取以工代赈、生产奖补、劳务补助等方式，组织动员贫困群众投工投劳 18.7 万人次参与扶贫项目建设。同时，大力开展“党员创业致富带富”行动，设立帮扶资金 1 000 万元，鼓励、扶持党员创办致富项目 673 个，带动贫困群众 1.1 万人脱贫致富。

2. 加强教育培训

精心培育烤烟种植、葡萄种植、竹鼠养殖等14个产业培训基地，开展“点菜式”培训，共培训贫困群众23 000人次。组织200余名农民大学生现场教学，全力培育新型职业农民。每年择优选派农村党员和青年农民分期到“培训中心”参加培训。截至2017年年底，全县已有1 420人次参加培训。

3. 强化正向激励

在全县开展“支部书记大比武”活动，设置“党建引领家乡美”“党建知识大竞赛”“党建齐心再扬帆”三个环节，通过文艺表演、知识比拼、即兴演讲等形式，让支部书记走上前台比能力、比产业、比发展，相互交流、相互学习、相互促进，营造了村与村之间比学赶超的浓厚氛围。通过表彰奖励，树立先进典型，用身边事教育身边人，激发干部的帮扶动力和贫困户的脱贫动力。评选表彰了10名优秀的第一书记，如下灌村书记李乾旺，他带领村民将下灌村丰富的资源变成资金、资金变股金、村民变股民，真正实现全域旅游、全民参与、全民受益，让下灌村成为乡村旅游新名片。

(四) 注重方向转型，巩固提升成果

脱贫攻坚重心由脱贫摘帽向巩固脱贫成果、提升脱贫质量转变。产业扶贫探索“宁远模式”，突出产业扶贫主渠道，遵循“四跟四走”原则，发挥村民监督委员会和“互联网+监督”作用。

二、乐福堂乡——以党建之力激活乡村蓬勃生机

乐福堂乡地处永州市道县西北部，辖 11 个行政村，总人口 2.23 万人。该乡党委辖 3 个党总支、15 个党支部。全乡共有党员 477 名，其中乡机关党支部党员 32 名。

乐福堂乡党委以建设服务型党组织为目标，积极探索党建引领发展新模式，强力推进“服务发展、服务民生、服务党员、服务群众”的工作机制，充分发挥新时期农村党组织战斗堡垒和党员先锋模范作用，不断夯实党建基础，党建科学化水平得到不断提升，乡村发展焕发出蓬勃生机。

(一)“党建+青年党员”领导班子建设

乐福堂乡加强党建工作力量，激发乡干部队伍活力。乡及各村拥有一批政治坚定、工作务实、综合素质较强的 70 后和 80 后领导班子成员，如乡党委书记杨先萍、乡长唐甜福、乡党委副书记王一鸣、中村坊村支部书记蒋佳送等（见表 2－6），年轻且具有丰富的基层工作经验。村“两委”干部的平均年龄为 39 岁，中专及高中以上学历 23 人，其中最高学历为研究生，为工作开展奠定了有力的组织保障。乐福堂乡针对村级党建工作力量薄弱的问题，从村“两委”干部、年轻后备干部中选聘出 22 名政治素质高、文化程度高、业务能力强的优秀年轻干部担任村级党建专干，对他们定期进行党建业务培训，使他们迅速成

长为基层党建的骨干力量，大大提升了村级党建队伍的战斗力。在强有力的基层党组织班子领导下，乐福堂乡找到了适合当地发展的产业，主要包括青蒿种植和蔬菜种植，并在乡镇青年骨干、干部的带领下，全乡投资20余万元在贫瘠山区大力发展喷灌设施（地下水源），为全乡青蒿和蔬菜种植等扶贫产业的发展奠定了基础。

表2－6　　道县乐福堂乡青年党员

序号	姓名	职务	学历	工作经历
1	杨先萍	乡党委书记	本科	曾担任县人大常委会机关科员、农环委主任、县人大常委会党组成员、办公室主任等职务
2	唐甜福	乡党委副书记、乡长	本科	曾担任道县营江乡党政办秘书、县委组织部干部室副主任、县委组织部参管办主任等职务
3	王一鸣	乡党委副书记	研究生	曾任职于九芝堂股份有限公司、道县一中、道县机关事务局等单位
4	蒋佳送	中村坊村支部书记	本科	曾任职于长沙市律师事务所、道县公安局巡特警大队，担任道县蓝天法律所主任、道县乐福堂乡党代表及人民调解员等职务，2014年被评为县司法行政工作先进个人

（二）“党建＋脱贫攻坚”

乐福堂乡大力推动“党支部＋党员＋致富能手”的“红色火种”模式。全乡紧紧围绕农业增效、农民增收目标，整合资源、落实措施，强力推进脱贫攻坚工作，形成群雁齐飞效应，破解难脱贫、易返贫难题。坚持开展致富能手与贫困户“一对一、心连心”帮扶活动，为贫困户量身定制脱贫计划表和发展线路图。截至2017年年底，全乡113名贫困人口就业，15名贫困人口创业，累计脱贫 298 户 1 053 人。如该乡杨柳塘村、清塘坪村以党支部为载体、以党员为主导，探索土地入股分红发展模式，带领普通农户成立了唐云峰油茶种植生产合作社和唐坤化绿色蔬菜种植基地。其中，党员唐坤化创办蔬菜基地 130 余亩，通过雇用长期工帮扶 13 户贫困户就业，免费提供技术带动 7 户村民种植蔬菜，每户村民年平均增收 3 万余元。目前乐福堂乡的蔬菜已经成为供港蔬菜基地。

乐福堂乡从 2017 年 5 月至 2018 年 8 月，共有 50 余名党员和青年农民参加“基地和中心”培训。通过培训，更多的农村党员和青年农民掌握了产业技术，并发展成为扶贫攻坚过程中的脱贫“火种”。清塘村村民熊庭德参加了 2018 年第 2 期种植班培训，掌握了瓜蒌种植技术，流转土地 100 多亩，并加入金丰合作社，目前瓜蒌种植已初见成效，共雇用贫困户 20 余人。还通过无偿传授经验和技术，带动祁阳县 1 户村民种植瓜蒌 1 000 亩。

在脱贫攻坚过程中，乐福堂乡党委始终坚持“党建＋产业技术扶贫”，始终将党旗飘扬在广沃的农村。清塘坪村在村支部书记彭定建和党员文归兰的带领下，于 2016 年引进青蒿种植，乡党委和扶贫工作队全力支持，通过铺设喷灌设施解决了灌溉问题，通过推广订单种植方式提升了经济效益。目前已带动全乡 11 个村 300 多户农民种植青蒿，规模达约 3 000 亩，仅清塘坪村就有 100 余户种植 800 余亩，年收入达 110 万左右，每户年均增收 3 000 余元。如今，乐福堂乡形成了以青蒿种植为主、蔬菜等种植为辅的脱贫产业。大莲塘村村民何绍峰的优质稻培植合作社引进先进制种技术取得成功后，乡党委强化示范点效应，发动附近村农民前来学习，使大莲塘、新富塘、乐福堂等村涌现出了一批优质稻制种大户，实现了多村连片共同致富。

乐福堂乡青蒿种植

三、下灌村——用坚强堡垒打造“江南第一村”

宁远县湾井镇下灌村始建于公元 499 年，迄今已有 1 500 多年的历史，从唐朝到清朝 1300 年的科考中，有李郃、乐雷发 2 名状元和 48 名进士，享有“江南第一村”的美誉。目前下灌村辖冷江、状元楼、下灌、新屋等 7 个行政村，74 个村民小组，13 638 人，村党委有党员 263 名。

（一）积极建强党组织，打造坚强堡垒

2012 年 11 月，李乾旺担任村党委书记，认为要想改变下灌这个万人大村的面貌，必须改变村民的落后意识，要想改变村民的落后意识，首先得有一个强有力、能为民办事的村党委班子。李乾旺带领村“两委”干部积极开展党员“亮身份、做表率、树形象”活动，坚持带头树形象、带头值班、带头保持环境整洁、带头处理各种矛盾纠纷，充分发挥党组织的先锋模范作用。

高起点、高标准打造下灌村坚强党组织堡垒，一是推行党建包村制度。按照镇党建包村制度的要求，湾井镇党委委员不定期到下灌村指导工作，每半年到村上一次党课，参与一次支委会，切实帮助解决一个党建问题。二是强化村级党组织建设。下灌村村级服务平台已建成，且 5 大功能齐全。大力推行“135”村级治理模式，每周一为村支部书记坐班值班和周例会日，村干部每周到村坐班值班不少于 2 天，日常事务由村干部全程代办。三是实施党员干部教育管理。采取“三会一课”、党建测试、专题学习、以会代训等多种形式，开展党员培训。每个党支部坚持“一月一培训、一月一主题”，党员干部的党性意识明显提升。四是开展党组织活动。建立村务监督委员会，按要求实行党务村务公开，村内重大事项严格按照“四议两公开”程序进行，确保党组织的各项工作在阳光下运行。

江南第一村——下灌村

新农村建设示范村——下灌村

（二）依托党建发展旅游产业

下灌村地处“十里画廊”“灌溪仙境”景区，有丰富的自然和文化旅游资源。近年来，该村党委充分利用生态资源、文化资源和旅游资源，打造“品牌引领＋文化传承＋活动营销＋特色体验＋乡愁记忆”的旅游扶贫新模式，成立下灌旅游开发有限责任公司，整合资金 2.1 亿元，实施了民居改造、河道景观、灌溪大道、湿地公园、下灌新村、花海基地、游客集散中心等工程，并通过举办花海展、美食节、摄影奇石展等活动，迅速实现景区提档升级。2018 年，下灌村旅游扶贫建设精品客栈、餐馆、作坊 25 家，带动贫困人员 120 人就业；建设有机果蔬采摘园 5 个、扶持养殖大户 8 户，发展兰花等特色种植，直接带动就业人员 1 500 人，安排贫困人员就业 300 余人。景区公益岗位安排 100 余名贫困人员，吸引返乡务工人员 120 余名，帮助 200 多名贫困群众直接脱贫。2017 年，下灌景区游客量达到 110 万人次，带动经济收入 710 万元，村集体经济达到 52 万元，旅游公司股民人均增收 2 000元，约 200 名贫困人口年均收入过万元。

（三）党建引领美丽乡村建设

围绕把下灌村打造为美丽乡村建设典范的目标，在下灌村党委及相关部门帮扶下，整合投入各类资金 9 000 余万元，深入实施绿化、亮化、净化、美化、序化的“五化”行动。由党员带头，带领全体村民共同参与美丽乡村建设，积极推进精神文明建设，近年来，下灌村没有发生一起刑事案件、安全事故、非正常上访等。

四、“党建能人”蒋楼喜——把花园打造成“脱贫课堂”

蒋楼喜，永州市道县营江街道上汶村村民。2012年，返乡创业种植金丝皇菊。为了解决销路问题和提升自己的专业技能，蒋楼喜报名参加了培训中心开展的培训班。在培训班里除掌握了种植、电子商务等专业知识外，蒋楼喜还学习了基层党建实务、农村治理和村级集体经济发展等公共课程，全面提升了自己的思想政治素质、专业技能、农村政策的解读以及农村综合治理等水平，坚定了做大做好产业的决心。

蒋楼喜作为“党建能人”，当选了上汶村的村支部委员，并运用产业发展专业知识、对三产融合以及美丽乡村建设的深刻理解，为上汶村的发展谋良方。他创立永州市喜儿登种养专业合作社，吸纳了9户贫困村民，将菊花茶、玫瑰花茶、牡丹花茶的栽培技术无偿传授给贫困户，确保了贫困户每年有3万～5万元的收入，成为永州市“党建＋产业技术扶贫”培训模式的“火种”代表。

新型职业农民代表蒋楼喜在田间

小　结

永州市农村基层党建引领模式充分调动了党支部的力量、党员的力量、青年农民的力量，用最少的精力和最小的投入治愈了“贫病”，拔掉了“贫根”，让贫困户得到了实实在在的好处，既立足当前解决贫困农民脱贫致富之难题，又着眼未来去除农村后备人才缺乏之担忧，取得了良好效果。

本章论述永州市农村基层党建引领的创新。一是“党建 + 产业技术扶贫”模式从外延式扩张到内涵式发展的转变，用党建理论和专业技能武装新一代青年农民的头脑。二是基层党建机制创新的驱动效应。通过农村综合服务平台的建设，党建台账规范手册的编制，调动青年农民党支部的主动作为和运用新媒体宣传基层党建工作等，完善和优化了基层党组织建设和党支部的工作制度，为永州市党建引领脱贫创新了工作方式。永州“党建+产业技术扶贫”模式，不仅培养了一大批农村后备人才和脱贫“火种”，而且强化了党员的示范带动效应，提升了党的基层党组织的战斗堡垒作用。该模式充满活力和智慧，经验值得借鉴。

第三章
“课堂＋基地”培训模式的系统化

永州市以党委为主导，以永州工贸学校为依托，创建永州市农村党员和青年农民培训中心，采用“课堂+基地”的培训模式，开展“党建+产业技术扶贫”培训，进行全过程建档管理和跟踪服务，以培训促就业创业、以就业创业促脱贫，探索出了一条从“授人以鱼”到“授人以渔”、从“输血”到“造血”的产业技术扶贫新路子，实现了颇具特色的“课堂+基地”培训模式的系统化。

第一节 党委主导

一、建立培训中心

2016年12月，永州市委在“万名干部下基层，精准帮扶解难题”调研的基础上，决定启动农村人才培训战略。由市委组织部牵头抓总、组织协调，整合市县两级财政、人社、教育、发改、农业、扶贫、科技等职能部门资源，以永州工贸学校为依托，创建培训中心，统一调配培训资源、统一安排参训学员、统一设计培训内容、统一进行培训管理，实现规范化操作、系统化培训（见图3-1）。

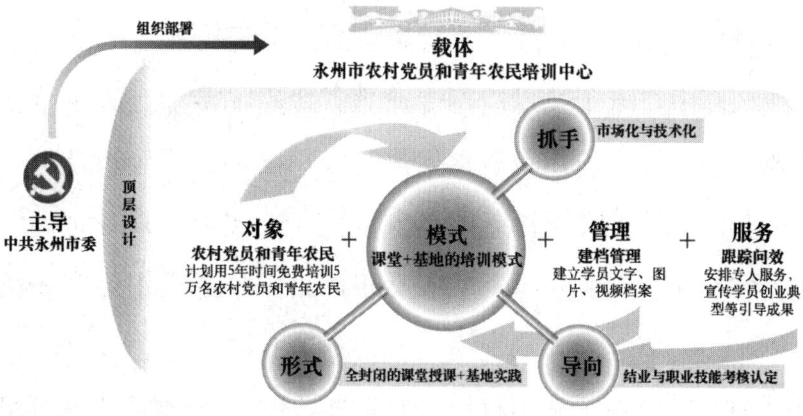

图3-1 永州市“党建+产业技术扶贫”培训示意图

永州市委在启动“党建+产业技术扶贫”培训之初，对全市具有一定办学师资条件的专业院校进行全面了解，提出了“立足永州，面向湘南，辐射南方，走向全国”的高标准办学门槛，永州工贸学校以其优越的办学环境、正确的办学方向和雄厚的师资力量等独具特色的办学条件，承担起为脱贫攻坚和乡村振兴战略培养优秀农村专业技术人才和新型职业农民的重任。

永州工贸学校是永州市、道县共管的一所中等职业学校，创办于1983年，前身是道县职业中专学校。经过多年的励精图治，成功创建为国家级重点中等职业学校、国家中等职业教育改革发展示范学校、湖南省卓越中等职业学校、省级示范性县级职教中心牵头学校。校园占地1 010亩，校舍面积14.8万平方米，图书馆藏书13.9万册，教学仪器设备总值5 160万元。学校有全日制学历教育在校生6 131人，教职工378人。设有信息技术类、加工制造类和文化艺术类专业，开设电子技术应用、电子与信息技术、计算机应用、畜禽生产与疾病防治、果蔬花卉生产技术等12个专业，其中，电子技术应用专业为省级精品专业、省示范性特色专业，电子技术应用、畜禽生产与疾病防治、服装设计与工艺3个专业的实训基地为省级校企合作生产性实习实训基地。学校依托主体专业优势兴办了16家校办企业，并将其作为实践教学基地。

学校先后荣获“全国科教兴农先进学校”“全国职工教育培训示范点”“全国国防教育特色学校”“湖南省家庭服务职业培训示范基地”“湖南省禁毒示范校”“湖南省文明建设先进单位”“湖南

省安全文明校园”“湖南省中等职业学校学生管理工作先进单位”等国家级、省级荣誉，为创建“培训中心”奠定了良好的基础，成为永州市践行新型职业农民培育的“党建+产业技术扶贫”培训基地。

湖南省永州工贸学校

二、开展实践教学

永州市委组织部《关于为永州市农村党员和青年农民培训中心第一批实践教学基地授牌的通知》（永组通〔2017〕40 号）、《关于为永州市农村党员和青年农民培训中心第二批实践教学基地授牌的通知》（永组通〔2018〕16 号），分别确定道县玉华鹅业有限公司、道县原地正禾农场有限公司等16个单位为培训中心第一批实践教学基地，将永州市冷水滩区永益农业开发有限公司等37个单位确定为培训中心第二批实践教学基地。截至2018年7月，建立实践基地53个，其中，种植示范点37个、养殖示范点9个、农村电商示范点2个、美丽乡村示范点4个、扶贫示范点1个。

永州市委常委、组织部部长吴志雄（左一）在道县调研实践教学基地建设情况

三、落实培训计划

永州市委高位推动，顶层设计，从宏观角度为培训中心搭建框架、勾画蓝图，从微观角度为相关计划分解任务、安排责任人、落实资金，推动培训中心各项工作部署有序落地。2017年2月，永州市委组织部发布《关于印发〈2017年全市基层党建工作要

点〉〈2017年全市基层党建工作考核指导方案〉的通知》（永组发〔2017〕9号），将永州市农村党员和青年农民培训工作定为基层党建考核的重要内容。道县县委于2017年3月22日发布《关于进一步做好农业部管理干部学院教研基地和永州市农村党员、青年农民实用技术培训中心建设有关工作通知》（道发〔2017〕9号），安排部署27个项目建设任务与经费来源。2018年3月，永州市农村党员和青年农民培训工作领导小组会议对培训中心的硬件建设及经费来源进行了安排部署。

为加强农村党员和青年农民培训工作的领导，服务全市经济社会发展，经永州市委研究同意，成立了永州市农村党员和青年农民培训工作领导小组，由市委常委、组织部部长吴志雄担任组长，市委组织部副部长、市委非公有制经济组织和社会组织工委书记裴春雷，道县县委书记刘勇会担任副组长，由市财政、市农业委、市扶贫办、市科技局、市科协、市人社局等市直单位主要负责人以及道县相关负责人为小组成员。领导小组统一制定全市农村党员和青年农民培训工作规划，定期研究、解决培训工作中的各种重大事项和问题，为培训工作的顺利推进提供坚强的组织保障。领导小组下设办公室、组织保障组、环境整治组、“基地和中心”建设组、教学教材组。办公室设在培训中心，主要职责包括执行领导小组确定的各项决策、起草培训工作方案、拟定培训计划、组织开展培训、协调相关单位做好培训工作、加强调查研究等。

永州市委书记、市人大常委会主任李晖（前排左一）深入“培训中心”调研

永州市委组织部于2017年4月发布《关于做好全市农村党员、青年农民实用技术培训工作的通知》（永组通〔2017〕15号），计划2017年组织20期培训班，每期培训学员500人左右，每期培训时间为10天；2017年11月25日发布《关于做好2018年度全市农村党员和青年农民“党建＋产业技术扶贫”培训工作的通知》（永组通〔2017〕50号），规定2018年组织24期培训班，每期培训学员500人左右，每期培训时间为10天。计划用4年时间，采用“党建＋产业技术扶贫”模式，共培训5万名农村党员、青年农民致富带头人，培训采取“农民点单，政府买单”、农民免费参训的方式进行，全面提高农村党员、青年农民的思想政治素质、科技文化素质和带头致富、带领群众共同致富的能力，

从源头上增强农民脱贫致富本领。

2017年5月3日，“培训中心”第一期开班，来自国家、省、市县等相关部门领导参加开班听课，计划用4年时间培训5万农村党员和青年农民，为农民脱贫致富插上腾飞的翅膀

第二节 培训目标

一、培训新型职业农民

“党建+产业技术扶贫”培训的目标是“立足永州，面向湘南，辐射南方，走向全国”，努力将其打造成在全省、全国叫得响、有影响的“永州品牌”和“永州名片”，就地培养更多“爱农业、懂技术、善经营”的新型职业农民，实施乡村振兴战略。

聚焦新型职业农民培育这一主题，永州市大力开展农村党员和青年农民“党建＋产业技术扶贫”培训，探索新型职业农民培育模式，秉承“学员需要什么，就培训什么”的理念，采用理论教学、观摩研讨与实践操作相结合的方式，组织学员到实践基地现场观摩学习，手把手地教、面对面地学，从根本上增加农民致富途径，使之掌握发展技能，实现真脱贫、脱真贫。2018 年 3 月，培训中心根据省委组织部安排，部署 2018 年 9 月计划开展的全省“党员致富带头人示范培训班”的筹备工作。安排农村电商、现代种养、乡村旅游 3 个专业 130 余人参训。该培训班具有破冰意义，将是“课堂＋基地”培训模式从全市走向全省的标志。

二、以学风促素质

“培训中心”在专业设置方面，结合学员实际需求，创新培训内容，开设现代种植、现代养殖、农村电商 3 大专业，确保学员拥有一技之长。“培训中心”充分发挥党建促脱贫攻坚的引领作用，注重把青年农民培养成党员，把党员培养成村干部，把村干部培养成村支书，努力把该中心打造成党在基层的“新兵营”和“兵工厂”。

在培训内容设计上，除专业课程以外，还开设“农村政策解读”“基层党建实务”“农村治理”“村级集体经济发展”等公共课程，把扶贫、扶志、扶智结合起来，提高学员致富带富能力和农村综合治理能力，为把他们培养成村级后备干部奠定了基础。通过培训，农村党员和青年农民被率先培养成“爱农业、懂技术、善经营”的新型职业农民，引领乡风文明、建设美丽乡村。

在培训管理方面，对学员班级进行自主化管理，对学员生活进行制度化管理，对学员资料进行建档化管理，以制度促规范，以管理出效益。建立学员管理制度、学员宿舍管理制度和优秀学员评选办法。学员管理制度对学员守则、课堂纪律、请假规定、考勤办法、考试要求、食宿要求 6 个方面做出严格规定，学员宿舍管理制度对培训学员宿舍管理提出 11 项细化要求，优秀学员评选办法对优秀学员的评选标准和评选程序做出规定。

在日常生活方面，倡导文明健康的生活方式，力求为学员营造一个健康舒适的生活环境。利用课余时间组织学员开展篮球赛、羽毛球赛和学习太极拳等丰富多彩的文体活动，帮助学员养成良好的生活习惯和积极的人生态度，规范学员行动，帮助学员树立新型职业农民的良好形象。

在就业方面，积极与企业加强战略合作，为企业点对点培训人才。2018 年 1 月 5 日，“党建＋产业技术扶贫”2018 年第 1 期培训班开班式结束后，培训中心与湖南果秀食品有限公司签订了《培训学员“学用、供需”结合，校企合作框架协议》，实施校企联合办学，既为学员学以致用、增加就业拓宽门路，也为企业引进人才、扩大规模搭建桥梁，实现校企双赢。

在跟踪问效方面，突出“学得好、用得好”，重点关注培训结束后的创业实践和带富能力。每期培训班结业后，组织专家、教授对学员进行回访调查，跟踪服务，鼓励他们发挥“领头雁”作用，利用所学的实用技术大胆创业，放胆实践，刷新村民思想观念，尝试发展现代产业，创造财富。

此外，设立临时党支部，强化党员意识。班委成员兼任书记、副书记、组织委员、宣传委员、纪检委员等临时党支部委员以及党小组组长。临时党支部召开组织生活会，增强学员党性意识，全力让学员成为带头致富、带领群众致富的“领头雁”。

第三节　培训对象

一、选拔程序

永州市委组织部立足顶层设计，发布相关文件统领农村党员和青年农民选拔的进度与安排（见表 3－1）。一方面，制定各年度永州市农村党员、青年农民培训参训学员的总名额汇总表和调训名额分配表；另一方面，规定县（区）党委组织部以个人自愿报名和组织点名相结合的方式选拔参训人员，根据培训对象参训专业意愿摸底情况统筹考虑、调剂确定每期培训班的参训人员并将参训情况报市委组织部。

表 3-1　　关于推进农村党员和青年农民选拔的相关文件

名称、文号及发布日期	相关内容
《关于做好全市农村党员、青年农民实用技术摸底工作的通知》(永组通〔2017〕10号)(2017年2月27日)	各县区(管理区、经开区、农科园)党委组织部要高度重视,按照名额分配情况,主动征求农村党员、青年农民个人对参训专业的意愿,按现代种植、现代养殖、农村电商3个专业类别,填写好《2017年度农村党员、青年农民参训人员摸底情况汇总表》,于3月20日前报市委组织部党员管理科 市委组织部根据各县区(管理区、经开区、农科园)报送的2017年度农村党员、青年农民参训摸底情况,统筹考虑、综合平衡,按照《2017年度农村党员、青年农民培训工作预安排表》,确定每期培训班的参训人员、培训时间,原则上每期培训班从各地各单位安排一定比例的学员参训,具体通知另行下发
《关于做好全市农村党员、青年农民实用技术培训工作的通知》(永组通〔2017〕15号)(2017年4月7日)	各县区(管理区、经开区、农科园)党委组织部要在每期培训班开班前5天,通知学员参训,并将参训情况报市委组织部党员管理科和永州工贸学校。参训学员原则上不准请假、不准调换,如因特殊情况需要调换的,请于开班前4天报市委组织部党员管理科和永州工贸学校
《关于做好2018年度全市农村党员和青年农民“党建+产业技术扶贫”培训工作的通知》(永组通〔2017〕50号)(2017年11月25日)	各县区(管理区、经开区、农科园)党委组织部按照名额分配情况,主动征求农村党员、青年农民个人对参训专业的意愿,按现代种植、现代养殖、农村电商3个专业类别,填写好《2018年度农村党员和青年农民“党建+产业技术扶贫”参训人员摸底情况汇总表》,此表由县区(管理区、经开区、农科园)党委组织部留存,用于每期调剂安排参训学员 各县区(管理区、经开区、农科园)党委组织部,根据农村党员和青年农民参训摸底情况,结合《2018年度农村党员和青年农民“党建+产业技术扶贫”培训各期参训学员名额分配表》,统筹考虑、调剂确定每期培训班的参训人员。在每期培训班开班前3天,通知学员参训,并将参训名单报市委组织部

选拔农村党员和青年农民培训对象的程序是:

(1)“培训中心”在市委农村党员、青年农民实用技术培训领导小组的领导下开展工作。市委组织部每年年初或上一年年底下发培训摸底通知，分配培训名额。

（2）各县区（管理区、经开区、农科园）按照名额分配情况，主动征求农村党员、青年农民个人对参训专业的意愿，按现代种植、现代养殖、农村电商3个专业类别，填写好《年度农村党员、青年农民参训人员摸底情况汇总表》，报市委组织部。

（3）市委组织部根据各县区（管理区、经开区、农科园）报送的年度农村党员、青年农民参训摸底情况，统筹考虑、综合平衡，确定每期培训班的参训人员、培训时间。

（4）各县区（管理区、经开区、农科园）党委组织部，根据《年度农村党员和青年农民“党建＋产业技术扶贫”培训工作预安排表》，及时组织学员参训。

培训对象的选择，不同于过去以农业部门为主导的职业培训模式，而是由党委部门统一管理、实施和监督的，显示出其在整合各职能部门资源方面的优势，突出农村党员和青年农民，突出党建引领下的脱贫“火种效应”，着眼于激发贫困群众的内生脱贫动力。在培育对象选拔程序上，由县（区）党委组织部经由村“两委”、驻村帮扶工作队等村内单位从上至下深入农村群众选拔培育对象，并结合村民自愿报名方式从下至上遴选培育对象，培训对象聚焦于有发展潜力、积极向党组织靠拢的青年农民和党性意识较强、经过实践锻炼的农村党员，特别是把贫困农民、农村党组织书记、有一定发展基础的种养大户作为培训重点，培育脱贫“火种”，用这批“火种”点燃脱贫攻坚主战场。

二、学员培训现状

截至 2018 年 7 月，“培训中心”已开办 34 期培训班，共培训学员 16 600 人。其中，2017 年度开办 21 期培训班，培训学员 9 968 人；2018 年度已开办 13 期培训班、培训学员 6 632 人。

从各期人数情况分布看（见图 3-2），“培训中心”前 34 期实训人数平均每期 488 人。2017 年第 4 期实训人数最少，为 330 人；2017 年第 20 期实训人数最多，达 578 人。

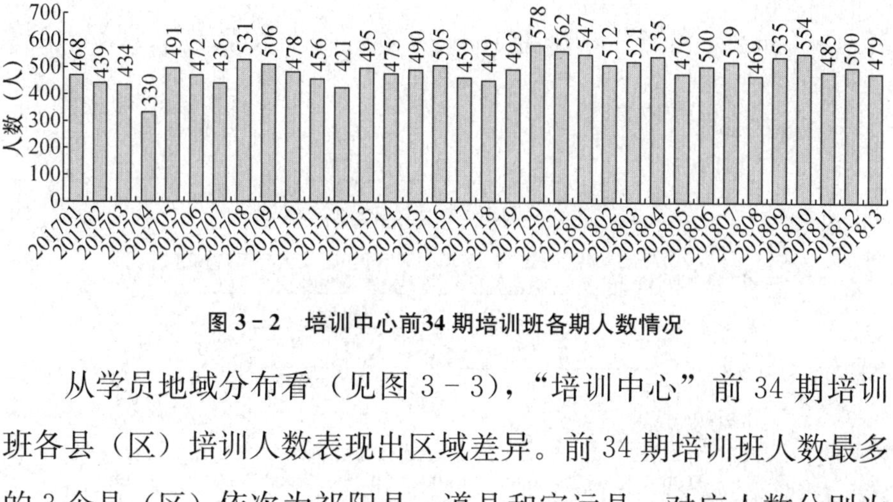

图 3-2 培训中心前34 期培训班各期人数情况

从学员地域分布看（见图 3-3），“培训中心”前 34 期培训班各县（区）培训人数表现出区域差异。前 34 期培训班人数最多的 3 个县（区）依次为祁阳县、道县和宁远县，对应人数分别为 1 977、1 818 和 1 802；前 34 期实训人数最少的 3 个县（区）依次为回龙圩管理区、金洞管理区和江永县，对应实训人数分别为 101、321 和 935。

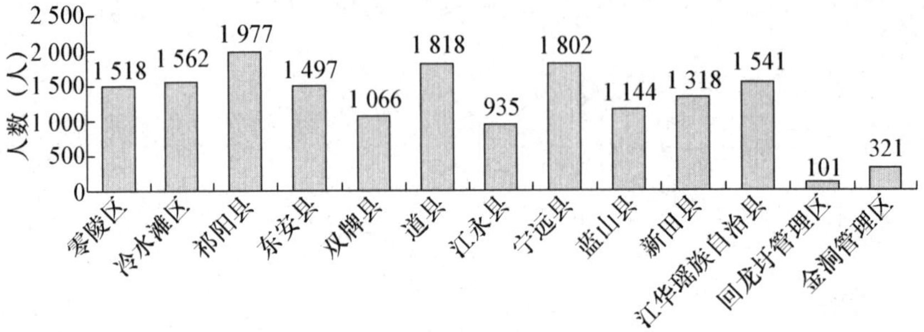

图 3-3　培训中心前 34 期学员地域分布

从学员年龄结构看（见图 3-4），培训中心前 34 期成员以中青年为主。参训人员年龄结构中占比最大的三个年龄段依次为 36～45 岁、46～55 岁和 26～35 岁，占比分别为 31.86%、27.16%和 27.03%。年龄段 16～25 岁的参训人员占比为 8.61%。

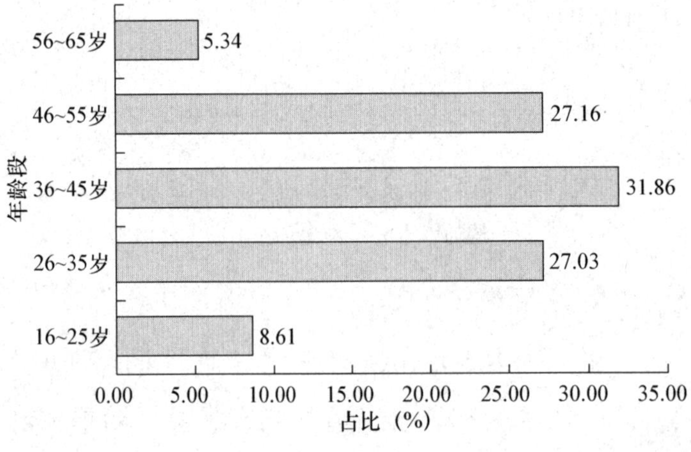

图 3-4　培训中心前 34 期学员年龄结构

从学员人数地区差异看（见表 3-2），培训重点主要向贫困县（区）倾斜。永州市 2017 年扶贫开发工作重点县为“国贫县”江华瑶族自治县、新田县和“省贫县”双牌县、江永县、宁远县。

以上5个县中“2016年农村居民人均现金可支配收入”低于1万元的有4个，按“每1 000个农村常住人口中参训人数”占比计算，这5个县的参训人数相对较多，其中双牌县达到9.23人。以上数据充分体现了永州市“党建+产业技术扶贫”培训的政策导向，旨在加速推进贫困地区的脱贫步伐，加速为贫困地区提供人才支持，加速改善贫困地区的发展质量。

表3-2　培训中心前34期学员人数地区差异

县区	2016年农村居民人均现金可支配收入（元）	前34期培训班参训人数（人）	2016年农村常住人口（万人）	每1 000个农村常住人口中参训人数（人）
零陵区	14 725.86	1 518	24.83	6.11
冷水滩区	16 912.00	1 562	17.84	8.76
祁阳县	10 921.23	1 977	48.24	4.10
东安县	11 370.94	1 497	34.98	4.28
双牌县	6 725.95	1 066	11.55	9.23
道县	12 012.93	1 818	34.69	5.24
江永县	6 958.77	935	15.06	6.21
宁远县	10 203.62	1 802	42.32	4.26
蓝山县	11 392.25	1 144	18.37	6.23
新田县	6 646.66	1 318	20.81	6.33
江华瑶族自治县	7 838.03	1 541	24.79	6.22
回龙圩管理区	—	101	—	—
金洞管理区	—	321	—	—

在培训人员中，党员保持了较高参与率（见图3-5）。2017年第2期、2017年第6期至2018年第13期，参与实训的党员有2 623名、预备党员154名，党员与预备党员总数占对应期培训对象总数的16.73%。

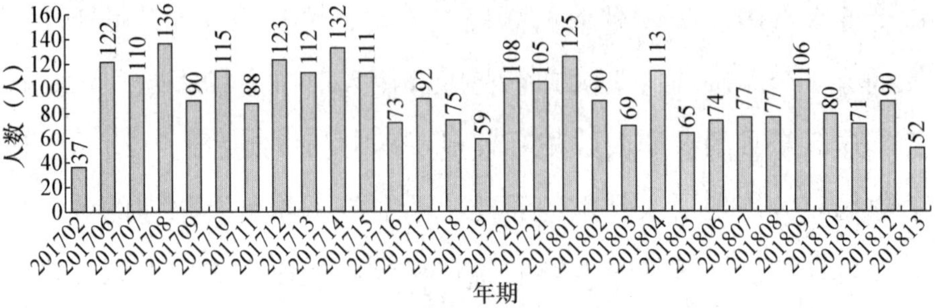

图 3－5　培训中心2017 年第 2 期、2017 年第 6 期—2018 年第 13 期 党员和预备党员分布

三、未来培训计划

根据《关于做好 2018 年度全市农村党员和青年农民“党建＋产业技术扶贫”培训工作的通知》（永组通〔2017〕50 号），永州市 2018 年计划组织开展培训 24 期，每期培训学员 500 人，每期培训时间为 10 天，全年共培训农村党员和青年农民 12 000 人。择优选派具有一定发展潜力、培养前途的农村党员、青年农民为培训对象，年龄原则上在 50 周岁以下，以农村党员为主。截至 2018 年 7 月，“培训中心”2018 年度已开展 13 期培训、培训 6 632 人，将按原计划完成既定的年培训任务。

2018 年 9 月 3 日，湖南省委组织部安排的“全省党员致富带头人示范培训班”分农村电商、现代种养、乡村旅游 3 个班次，147 人在培训中心隆重开班，标志着“培训模式”已经从全市走向全省。随着脱贫攻坚工作的纵深推进、乡村振兴战略的全面启动，永州市未来新型职业农民培训对象的范围将进一步扩大，包括以下三大类型：

（1）短期培训对象。基于目前的新型职业农民的短期培训，继续按照上述培训模式推进，在农村党员和青年农民“党建+产业技术扶贫”培训框架内开展新型职业农民短期培训。

（2）中专在校生。将永州工贸学校的在校生纳入培训对象范围，开设现代种植、现代养殖、电商、旅游等专业课程，将这些短期培训内容纳入在校生的培养方案，使其掌握现代农业技术知识，为回乡从事新型职业农民工作奠定基础。这部分参训学生人数每年约 6 000 人。

（3）农业广播电视学校的在校生。将永州市农业广播电视学校的在校生纳入培训对象范围，这部分参训学生人数每年约 2 000 人。按照以上思路，未来一定时间内永州市每年将有约 18 000 人参加新型职业农民的教育或培训。

2018 年 4 月 13 日，全国工商联人才交流中心领导和专家调研“培训中心”实践教学基地

第四节 “课堂＋基地”培训模式

一、以党建实务为先导

农村基层党组织是党在农村全部工作的基础，加强基层党建有利于促进农村党员干部充分发挥先锋模范作用和骨干作用，提升农村基层党组织党建工作的科学化、规范化水平，激发农村基层党组织的整体活力，增强党在农村地区的政治领导力、思想引领力、群众组织力、社会号召力，巩固壮大现有党员队伍，把农村基层党组织建设成促进脱贫攻坚、推进乡村振兴的坚强战斗堡垒。

在此背景下，永州市委立足实际，把党建实务作为“党建＋产业技术扶贫”培训的主课来抓，在课程设置上突出基层党建实务，并将其设置为每期培训班开学第一堂课，作为公共必修课，由市、县（区）级党委领导为全体学员统一授课。在对农村党员和青年农民的培训中，始终强化党建实务的先导作用，把党建实务成果贯穿于培训班党支部的运行和培训学员学习的全过程。例如，设立临时党支部；紧扣“党建＋产业技术扶贫”这一培训模式，从农村党组织生活入手为参训学员把准政治方向，培训学员必须学习基础党建实务知识，从全市组织部门选派党建专家为学员上党建第一课。这些举措，强化了农村党员和青年农民的“四个意识”，为新时期的职业农民烙上了“思想党印”。

在组织生活会上学员学习党建知识，进一步了解党的农村政策

二、以“市场+技术”为抓手

永州市现有粮食、油料、蔬菜、果茶、烤烟、畜禽、水产、木竹林化、中药材、农产品加工、生态休闲农业 11 个重点产业，粮食、畜禽、柑橘、油茶、茶叶、蘑菇、生姜、香芋 8 大优势产业。结合以上重点产业与优势产业，“培训中心”以市场需求为导向设置专业，设置了现代种植、现代养殖、农村电商 3 大专业、近 20 个小专业（见表 3-3）。

表 3-3　　培训中心课程设置

专业类别	专业及课程主要内容
现代种植	1. 林果生产技术专业：包括柑橘、黄桃、梨、葡萄、特色水果等果树生产技术和病虫害防控技术，水果商品化处理与贮藏技术，以及果树整形修剪技术等 2. 蔬菜生产技术专业：包括蔬菜的新生产技术、无公害生产技术和设施生产技术，盆栽蔬菜、野生蔬菜、芽苗菜的生产技术，以及蔬菜病虫害绿色防控技术等 3. 食用菌生产技术专业：包括黑木耳、平菇、香菇、金针菇、鸡腿菇的生产技术，食用菌加工技术，食用菌保健品产品开发技术等 4. 园林苗木生产技术专业：包括园林苗木培育技术、整形修剪技术、病虫害防治技术，大树移植技术，造型树生产技术，以及地方特色植物的运用与开发技术等 5. 花卉生产技术专业：主要包括花卉的繁殖技术、盆植生产技术、病虫害防治技术，草花生产技术，以及阳台园艺、花店的经营与管理技术等 6. 中药材生产技术专业：包括中药材发展政策与市场分析，中药材生产技术、GAP 基地建设技术、病虫害防治技术、加工技术，以及中药材种子种苗生产技术等 7. 植物保护技术专业：包括农作物、果树、蔬菜、园林、植物园的病虫害绿色防控技术，以及新型植保机具的使用与维护技术等 8. 果蔬商品化处理与贮藏加工专业：包括果蔬的商品化处理技术、贮藏保鲜技术、流通与营销技术、加工技术，以及粮油的加工技术与贮藏技术等 9. 经济林生产技术专业：油茶林、松树林、杉木的培育技术，松树林副产品的利用与开发技术，林下养禽技术和栽培食用菌生产技术等
现代养殖	1. 生猪标准化生态养殖技术专业：包括养猪场选址与建设技术，肥育猪、种猪和仔猪的饲养管理技术，猪人工授精技术，以及养猪场的药事与健康管理等 2. 草食动物养殖技术专业：包括肉牛、奶牛、羊、肉兔的养殖技术，牧草生产与加工技术，以及牛羊的药事管理与健康管理技术等 3. 特种动物养殖技术专业：包括野猪、野香猪、竹鼠、豪猪、山鸡、肉鸽、蛇、蜂、野鸭的养殖技术等 4. 家禽生产技术专业：包括道州灰鹅、林下土鸡养殖技术，养鸭及稻鸭共生技术，肉鸡与蛋鸡的生产技术，水禽与鱼共养技术、禽病防控技术等 5. 活水养鱼技术专业：包括活水河塘放牧式养鱼技术，活水小区围网养鱼技术，水库养鱼技术，稻鱼、稻虾共生技术，鱼病防治技术等

续前表

专业类别	专业及课程主要内容
现代养殖	6. 家鱼集约化生产技术专业：包括家鱼池塘、水库集约化生产技术，水禽与鱼共养技术，稻田养鱼技术，家鱼人工繁殖技术，鱼苗培育技术，鱼病防治技术等 7. 特种水产养殖技术专业：包括石蛙、中华鳖、河蟹、牛蛙、沼虾、小龙虾、鸭嘴鱼、娃娃鱼的养殖技术等 8. 畜禽产品贮藏与加工技术专业：包括畜禽产品的保鲜技术与加工技术，传统畜禽加工产品开发与运用技术，畜禽产品贮藏与加工中常见问题与对策，休闲产品开发等
农村电商	1. 乡村旅游电商专业：包括乡村旅游产品开发，乡村旅游与休闲农庄、共享农庄、旅游乡村建设，旅游电商平台建设与运用，互联网时代的乡村旅游营销等 2. 农产品电商专业：包括计算机、智能手机的应用技术，农产品电商实战技巧，农产品传统电商平台建设与运用技术，农产品微营销技术，以及农产品物流等

从已有培训情况看，参加现代养殖专业人数最多。在“培训中心”2017 年第 6 期至 2018 年第 13 期培训班中，有 48.33%的学生选择现代养殖专业；除江永县、回龙圩管理区外，现代养殖专业为第一大专业（见图 3－6、图 3－7、图 3－8）。

教材编写方面，坚持专业导向。2017 年 4 月，永州市农村党员、青年农民实用技术培训工作领导小组下设的教学教材组，组

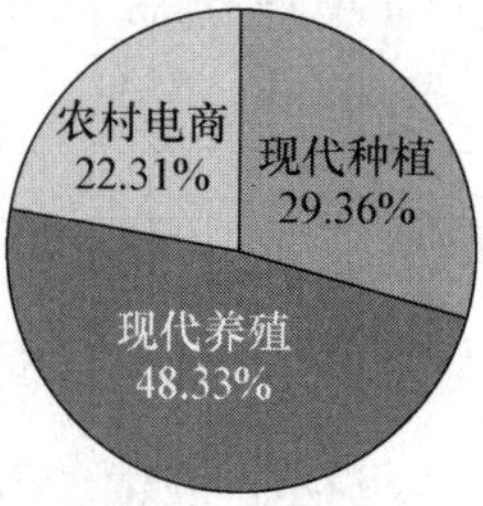

图 3－6 培训中心 2017 年第 6 期至 2018 年第 13 期专业选择情况

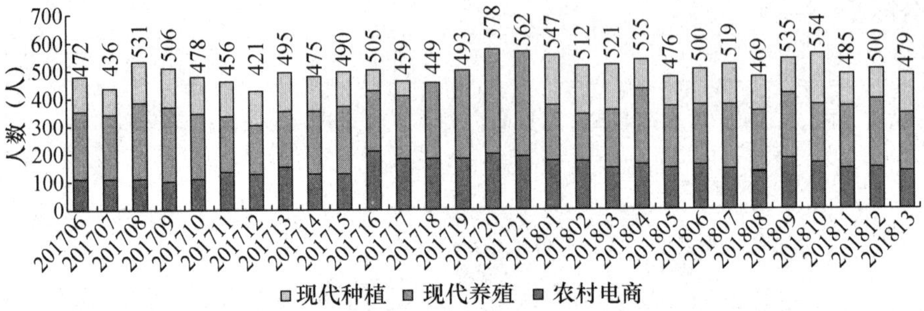

图 3－7　培训中心 2017 年第 6 期至 2018 年第 13 期专业选择情况

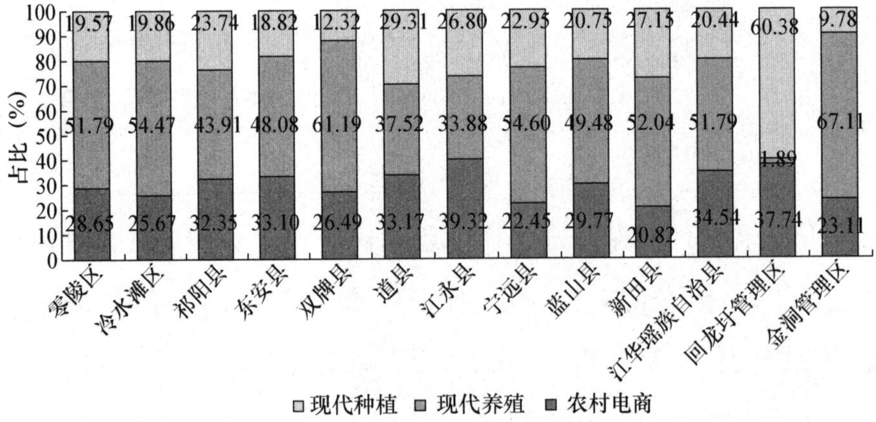

图 3－8　“培训中心”2017 年第 6 期至 2018 年第 13 期各县（区）专业选择情况

织编写的《现代种植实用技术》《现代养殖实用技术》《农村电子商务》3 本专业教材由中国农业出版社出版。《现代养殖实用技术》内容包括生猪标准化生态养殖技术、种草养羊技术、肉牛饲养技术、林地生态土鸡养殖技术、水禽养殖技术、特种动物养殖技术、活水养鱼技术、特种水产养殖技术、畜禽产品贮藏与加工。《现代种植实用技术》内容包括林果生产技术、蔬菜生产技术、中草药栽培技术、园林苗木栽培及花卉生产技术、复合种养模式、农产品加工及农产品商品化处理技术、牧草生产技术。《农村电子商务》内容涵盖电子商务概述、农村电商解读、农村电商与精准扶贫、农村电商的消费市场、农村电商的运营与创新、农村电商的服务平台、农村电商的支撑体系、农产品电商、农资电商、乡村旅游电商、县域电商、营销推广突围农村电商、互联网企业布局农村电商等。

培训中心教材

三、培训形式的多样性

“培训中心”以“课堂授课、基地实践”为培训形式，即“课堂＋基地”培训模式。培训期间实行全封闭管理，采用理论教学、观摩研讨与实践操作相结合的方式。培训质量方面，按照“抓两头、带中间”的思路，早中晚全天候上课，课程容量相当于一般培训的15天。实行半军事化管理，严格作息时间，严肃组织生活和培训纪律。学员白天到实践基地现场观摩学习、晚上回教室上课，形成了“课堂＋基地”培训模式。

选择专业坚持自主优先。永州市各县（区）党委组织部按照培训名额分配情况，主动征求农村党员、青年农民个人对参训专业的意愿，由农民自主选学参训专业。培养方案设计方面，各专业培养方案内均设置90个课时，其中公共课30个课时、专业课60个课时。各专业所开设公共课课程相同，内容涉及党建实务、微营销、“三农”政策与新型职业农民、创意农业与乡村旅游、国家乡村振兴战略和农业产业园规划；所开设的专业首先满足具体专业需要，内容覆盖对应产业链各环节。公共课紧跟时代，专业课因地制宜，理论与实践相结合，结构合理，满足了培训学员在社会主义市场经济体制下以技术谋生产的迫切需求。

突出现场互动式教学。从全市范围内脱贫攻坚示范点、新农村建设示范点中精选出53家单位作为实践教学基地，由市委组织部统一授牌管理，统一为“永州市农村党员和青年农民培训中心实践教学基地”。把培训课堂设在“田间地头”“基地公司”。永州市委组织部发布《关于为永州市农村党员和青年农民培训中心第一批实践教学基地授牌的通知》（永组通〔2017〕40号）、《关于为永州市农村党员和青年农民培训中心第二批实践教学基地授牌的通知》(永组通〔2018〕16号),分别确定16个、37个实践教学基地。覆盖3大类专业,包括21个有限责任公司、12个农民专业合作社、7个农业生产基地、4个美丽乡村、3个农业产业园、2个农业产业化培训基地、2个网络平台、1个农业观光园、1个行业协会等。这些举措,为参训学员提供了多样化的实地教学资源,丰富了学员的学习途径,开阔了学员的视野和思路。

2018年1月5日,“培训中心”与湖南果秀食品有限公司签订校企合作框架协议

四、师资力量的专业性

师资构成方面,坚持“土洋结合”。以永州工贸学校专业课教师为主、本土高校科研院所农学专家为辅,聘请农业生产基地的专家、农业企业负责人为客座教授，同时将全国知名农学专家纳入专家库，建立跨院校、跨行业的师资专家库，“让内行人教内行人”。“培训中心”常设校外教授专家 24 人（见表 3-4），所建校外师资专家库 53 人。其中，39 人来自科研院校（有 19 位教授、14 位副教授），13 人来自农业生产基地、农民专业合作社、生态农场等生产实践基地，1 人来自电子商务公司。

表 3-4　培训中心常设校外授课教授专家情况

单位类型	单位名称	师资情况	研究方向
院校	湖南农业大学	11 人（教授 8 人，副教授 2 人，讲师 1 人）	果树学、果树营养、果树生物技术应用；作物生态、草业生态；果蔬、畜禽产品、水产品的贮藏与加工技术；食品安全与供应链；生态农业、休闲农业、乡村旅游；涉农企业经营管理、营销管理、电子商务管理、网络资源管理、知识管理、社会组织管理；教育学、教育经济与管理
	湖南省农业科学院	1 人（研究员）	药用植物资源利用及生态栽培技术
	湖南生物机电职业技术学院	10 人（教授、副教授各 4 人，讲师、研究员各 1 人）	养猪技术、动物繁殖技术、动物疾病诊治与药品开发；水生生物学、特种水产养殖、渔业经济管理等；植物保护技术、食用菌生产技术、微生物技术等蔬菜生产相关技术；设施园艺、植物组织培养、园艺植物生产技术、盆景艺术；农作物、园林植物、林业及林下经济作物的病虫害防治；植物检疫、农产品质量安全；涉农政策、法规、职业道德；物流管理；会计电算化、计算机、电子商务
	园艺园林学院	1 人（教授）	园林生态规划与设计
企业	湖南果园社科技有限公司	1 人（董事长）	互联网+实战、社群经济

五、考核认定的严谨性

从2018年第6期起，培训中心开始对学员进行结业考核和职业技能认定。截至2018年7月，为34期学员发放结业证书，部分学员颁发结业证书与职业技能证书，证书由全国工商联统一颁发。

结业考核认定。按照培训中心培训工作的要求，所有学员必须参加结业考试，合格者将取得培训结业证书。结业考试以开卷形式为主，对当期培训的课堂教学内容进行考核，成绩以百分制记录，主要内容包括培训后学员对现行农业政策的认识、对新技术情况的认知、学员对做大做强现有产业和结合自身实际情况与当地自然资源进行创业的构想，考核重点为学员培训结束后的创业实践和带富能力。永州市“党建＋产业技术扶贫”培训结业考核认定，能够使参训学员增强目标导向，反思、回顾、巩固培训内容，有利于培训中心掌握培训成果，了解参训学员所需生产技术等。

今后还将进一步完善现有结业考核认定办法。该结业考核认定分为平时考核与结业考核结合，平时考核主要考察学员的出勤、作业、课堂表现等，结业考核由学员提交根据自己所学和当地的自然资源情况而拟写的产业发展分析等指定主题报告。

专项职业技能考核认定。为进一步提升培训质量，加强新型职业农民培育力度，探索建立新型职业农民制度，积累新型职业农民认定经验，经与全国工商联人才交流服务中心协商，培训中心与全国工商联人才交流服务中心签订《关于联合开展现代种植、现代养殖、农村电商等农民企业家或致富能手（职业农民）技能培训和考评的战略合作协议书》。根据该协议书中有关条款，从培训学员中选拔一批符合条件的学员统一上报全国工商联人才交流服务中心，由该中心统一印制并颁发现代种植、现代养殖、农村电商等专业的“专项技能培训证书”，并将颁证学员信息录入系统、上传到官方网站供公众查询。“专项技能培训证书”是新型职业农民认定的凭证之一，可作为持有者上岗、晋职、考核乃至今后小额贷款的重要凭证，全国通用，为新型职业农民资格认定奠定了基础。

全国工商联人才交流服务中心颁发的“专项技能培训证书”

“专项技能培训证书”认定标准为：年龄范围为22周岁至55周岁，知识技能水平为初中以上学历，具有电脑和智能手机应用基础，培训期间表现良好且结业考试成绩优秀；具有一定的产业发展规模和生产经营效益，持有农民合作社营业执照、种植和养殖相关许可证或从事电商行业等其他相关证明材料。

未来考核认定方向。针对3类对象，即短期培训人员、永州工贸学校在校生、当地农业广播电视学校在校生等，分别采用不同的方式，进行考核认定。从学分制入手，提高考核认定难度，测试发展产业所必备的理论水平和实践能力。在深化实践探索的基础上，考核认定逐渐向新型职业农民资格认定过渡。

由湖南省委组织部安排、2018年9月举办的“湖南省党员致富带头人示范培训班”在培训中心开班，是对“党建＋产业技术扶贫”培训的认可，永州市委将以此为新的起点，进一步探索和提升新型职业农民考核标准。

第五节 建档管理与跟踪问效

一、建档管理

培训中心建立了文字、视频和电子档案，将学员的基本情况、培训情况、创业情况全程记录，并分期、分班级存档，由永州工贸学校培训联络科管理。截至 2018 年 7 月，已建立 16 600 份文字档案、12 998 份视频档案、2 份年度电子档案。

文字档案主要包括学员信息登记表和学员培训调查问卷，自 2017 年第 1 期培训开始记录，建档对象为每期培训班的全部参训学员，建档内容包括学员个人基本信息、参训科目与成绩、学员对培训效果的满意度评价等信息。

视频档案从 2017 年第 9 期培训开始录制，建档对象为每期培训班全部参训学员，建档内容包括学员个人介绍和参训心得体会。在当期培训中期完成对学员培训情况的录制，用电脑、U 盘及网络云端储存，用于保存学员影像资料、制作培训班宣传片。

年度电子档案自 2017 年第 1 期培训开始记录，建档对象为每期培训班全部参训学员，建档内容包括学员个人基本信息、从事行业及规模、培训期次与所参训专业、结业证编号等信息。由培训联络科在培训开班前各县（区）所上报学员名单的基础上，培训后以文字档案和证书发放情况为补充、建立 Excel 版年度汇总表，用于进行跟踪问效和大数据分析。

二、跟踪问效

从 2017 年第 1 期培训起，由永州工贸学校培训联络科负责，以定期电话回访、日常微信群维护、不定期实地回访等 3 种形式进行跟踪问效，解决学员在产业技术转化过程中的后顾之忧。

同时，采用跟踪问效的方式进一步了解学员回乡创业情况，进而深度挖掘学员典型创业案例，并由新闻宣传中心制成专题宣传片，通过宣传激发培训学员和农村致富能人带动农民脱贫致富的活力。

培训中心跟踪回访台账（档案盒）和登记表

定期电话回访在每期培训班结业 2 个月后进行，对象为参训学员，回访内容包括学员培训后进行产业经营的情况、未来计划以及经营中遇到的困难和需要培训中心提供的帮助。定期电话回访获得的反馈由培训联络科以纸质版记录后转为电子版纳入电子档案，对需要“培训中心”进行实地技术指导的学员和培训后发展大规模产业的学员进一步安排不定期实地回访。

微信群为学员之间的沟通交流搭建平台，为同专业学员之间对接产品供需、传授技术经验构建了一个新的载体。

不定期实地回访，主要针对发展大规模产业的学员和主动联系“培训中心”寻求产业经营帮助的学员展开，由校外师资专家库和永州工贸学校的相关专家教授、培训联络科的相关负责人员负责，由培训联络科以纸质版表格记录。截至 2018 年 7 月，“培训中心”已开展不定期实地回访 162 次，回访了涵盖全市各县区的 493 名学员，电话回访学员 14 627 人次。

第六节　培训成效

一、激发内生动力

推进农村改革发展的根本出路是解决人的问题。新型职业农民是乡村振兴战略的决定因素，而打造新型职业农民关键在于教育和培训。“党建＋产业技术扶贫”培训以产业技术带动农户脱贫，创新了原有的扶贫方式，为传统农民和贫困户真正掌握一技之长、激发脱贫内生动力提供了原动力，从源头上破除“等靠要”思想，弥补技术缺陷，开辟致富源泉，推进农村一二三产业融合，推进党的“六个力”凝聚（见图 3－9）。

永州市农业发展历史悠久，但整体水平不高，缺少科技含量高的现代规模农业企业。调查发现，专业人才和“爱农业、懂技术、善经营”的新型职业农民的缺乏是导致现代农业发展滞后的

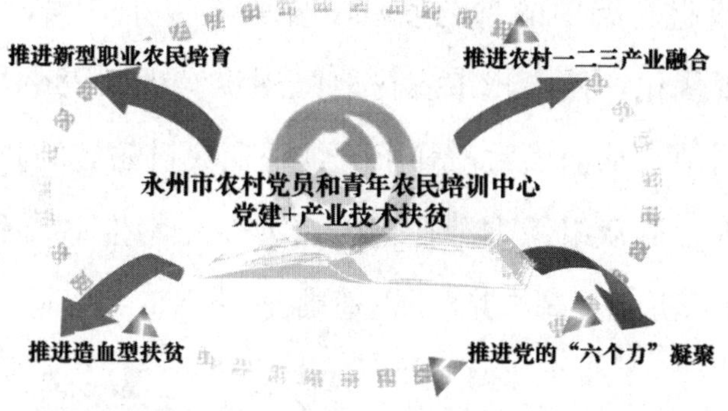

图3-9 培训中心“党建+产业技术扶贫”培训成效

深层次原因。永州市通过对农村党员和青年农民的培训，以现代种植、现代养殖和农村电商3大实用技术课程搭配“农村政策解读”“基层党建实务”“农村治理”“村级集体经济发展”等公共课程，从源头上改善了农民发展现代农业的产业能力和经营思路。在推进“造血”扶贫和新型职业农民培育的基础上，推动农产品加工转化、农民就业创业、农业提质、农村发展和休闲农业及乡村旅游产业联动，建成了一批农村产业融合发展先导区和示范园。通过发展农村新产业新业态，有效推动农村一二三产业融合发展，助力农业供给侧结构性改革，建好利益联结机制、多形式构建融合链接链条，实现了农产品增值、农民增收、农业增效、农村繁荣。实践证明，永州市“党建+产业技术扶贫”培训能高效推进农村一二三产业融合，对于新型职业农民的培养具有事半功倍的作用。

通过培训推进党的“六个力”凝聚。“党建+产业技术扶贫”培训在永州市委的统筹部署下，以培育新型职业农民为目标，提高村民在产业发展中的参与度和受益面，以小育大，以小带大，推进农业现代化，使永州市农村地区逐步实现人民幸福、产业兴旺、组织团结，从而大大增强了党组织在农村领域的政治领导力、思想引领力、群众组织力、社会号召力、旺盛生命力和强大战斗力，夯实了基层党组织的战斗力基础。

二、“火种”燎原

典型展播 >>>

“泥鳅大王”——许立红

1981 年出生的许立红，是道县蚣坝镇石马神村人，2014 年返乡被列为建档立卡贫困户。2015 年，许立红开始养殖泥鳅，但是技术掌握不全面，无法破解泥鳅孵化难题，难以获得收益。在他一筹莫展之际，有幸参加了 2017 年永州市“党建＋产业技术扶贫”培训学习，全面掌握了泥鳅的孵化和防病等关键技术。很快，许立红的 8 口大塘就成功养殖出了生长快、肉质好、受市场欢迎的优质泥鳅。学成归来半年后，他将获得的 20 多万元收入全部用于扩大养殖规模，2017 年 12 月，许立红又以 40 万元人民币注册成立道县湘鸿水产养殖农民专业合作社。截至 2018 年 6 月，许立红发展泥鳅养殖面积 30 亩，年收入近 10 万元。“党建＋产业技术扶贫”培训不仅使许立红走上了致富路，还帮助他实现了从建档贫困户到带富“火种”的转变。许立红计划进一步扩大泥鳅养殖规模，创办农家乐，发展生态旅游，增加养殖道州灰鹅和种植沃柑、黄颡、黑木耳等项目。许立红脱贫的故事，吸引了周边村镇和外地农民前来学习技术，截至2018年6月，在许立红提供免费技术和优惠价格的带动下，仅石马神村就有10多户村民通过养殖泥鳅摘掉了“贫困帽”。培训中心将许立红的泥鳅养殖基地建成教学实践基地，并进行跟踪服务，解决他的后顾之忧。2017年9月，人民日报社记者采访许立红的创业事迹时，他动情地说道：“衷心感谢培训中心给了我这么好的学习机会，让我学到泥鳅养殖的实用技术。我能有今天的幸福生活，全靠党的好政策!”2018年1月12日，许立红光荣加入党组织，目前被村民推选为村干部候选人。

许立红这样的案例遍布永州市各县（区），这里仅列出个别访谈案例（见表3-5）。

2017年，“培训中心”的21期学员，带动周边群众4万余人脱贫致富，实现产业增收3.6亿余元。参加培训的农村党员和青年农民，有345名经过换届选举新进入村（社区）“两委”班子，67名成为新一届村（社区）党组织书记。

永州市“党建+产业技术扶贫”培训，为广大农村党员和青年农民汲取知识养分及时“充电”，为他们从事现代农业产业提供了更为广阔的发展平台，为传统农民的转型升级给予了智力支持。

表3-5 "培训中心"培训的"火种"典型案例

参训专业	培训期次	参训学员	所在县（区）	产业经营改变与"火种效应"情况
现代种植	2017年第1期	周时胜	双牌县	成立双牌湖湘农林业发展有限公司，发展中药材、红心猕猴桃、脆红李、石榴等品种，现有100亩水果基地、3 000亩中药材，与2017年成立的双牌县时胜中药材种植专业合作社共带动50户就业，其中30户为贫困户
	2017年第2期	李甫生	蓝山县	学习林果种植技术，扩大砂糖橘种植规模，实现20 000元/亩的收益。砂糖橘种植基地占地200亩，长期雇用6个贫困户，工资约2 000元/月
	2017年第3期	胡明	新田县	利用已有的800亩油茶林和400只乌鸡种苗发展林下养鸡，2017年6月"培训中心"专家进行实地调查，建议其打造自己的油茶品牌
	2017年第6期	郭小刚	祁阳县	提高油茶亩产，由30亩扩大到500亩，带动5户村民种植油茶，作为村支书，准备建立油茶种植合作社带动全村脱贫致富
	2017年第6期	谭米全	江永县	学习食用菌种植技术，在已有合作社基础上扩建5 000平方米的厂房，以入股分红或者在合作社务工的形式带动周边群众共同致富
	2017年第8期	何流勤	江永县	在县工商局备案成立江永合胜种植专业合作社，种植香柚，2 000名村民中80%参加过合作社务工，解决了村里的剩余劳动力问题
	2017年第14期	邓小燕	宁远县	在村总书记欧长旺的帮扶下种植20亩蔬菜，年收入5万元，顺利实现脱贫。2018年3月再次参加"培训中心"的养殖业培训

续前表

参训专业	培训期次	参训学员	所在县（区）	产业经营改变与“火种效应”情况
现代养殖	2017 年第 1 期	唐孟军	东安县	大幅提升养鸡技术，目前为存栏 2 400 只蛋鸡的东安县富康养鸡农民专业合作社提供技术服务
	2017 年第 1 期	郑小林	祁阳县	投资 2.7 万元、利用废弃的水库引流涵洞办石蛙养殖场，2017 年 6 月培训中心专家实地考察，建议其争取政策扶持、扩大规模带动贫困户致富
	2017 年第 3 期	杨义勇	宁远县	流转荒废的油茶种植山头，养殖土鸡，成立养殖合作社。合作社带动 18 户贫困户以国家扶贫专项资金入股，雇用劳动力 60 个工日/月，在合作社务工的贫困户一年可增收 3 000～4 000 元
	2017 年第 8 期	陈辉	道县	学习家鱼集约化生产技术，发展四大家鱼养殖合作社，以提供技术指导，带动周边 7～8 户生产
	2017 年第 11 期	冯德友	冷水滩区	在已有养殖蛋鸡 12 000 只、种植果树 200 亩的基础上，学习养鸡技术，作为村支书，有信心带领村民种养结合，发展致富，奔小康
	2017 年第 11 期	卿树林	江永县	将已有的竹鼠养殖场扩大到 600 平方米、2 000 余只竹鼠，并成立竹鼠养殖合作社
	2018 年第 7 期	罗桂梅	宁远县	从无产业基础到养殖 200 只九嶷山兔，作为村计生信息员准备带动村内妇女组团做产业
农村电商	2017 年第 3 期	田小军	祁阳县	学习养猪技术，扩大养殖规模。目前，养猪场生猪养殖数量已达到 3 000 头，共雇用贫困户 9 人，贫困户每年可增收 3 万余元
	2017 年第 5 期	王玉华	江华瑶族自治县	改善七彩山鸡的销售模式，在传统门面营销的基础上增加电商销售，已对接省外订单，产品供不应求，售出价格上涨 6～10 元/斤

续前表

参训专业	培训期次	参训学员	所在县（区）	产业经营改变与“火种效应”情况
农村电商	2017 年第 7 期	蒋楼喜	道县	改进花茶销售渠道，发展电商代理销售，被推选为道县营江街道办事处上汶村支部委员，以“公司＋合作社＋农户”形式带动 30 多人就业
	2017 年第 7 期	易少玲	东安县	通过学习开拓经营思路，2016 年注册成立的东安县翼美工艺礼品有限公司，目前年营业额达到 100 万元，宫灯组装为村内剩余劳动力提供日薪 100 元左右/人的就业机会
	2017 年第 10 期	罗勇	江永县	通过电商销售家里养殖的本地土鸡，带动 4 户农户合作养殖土鸡，实现每户增收 4 万多元
	2017 年第 11 期	黄启斌	江永县	利用电商销售其江永县桃源食品有限责任公司生产的香芋、剁椒、香姜加工产品。黄启斌为退伍军人、建档贫困户
	2017 年第 15 期	宁冬娥	祁阳县	在红莲种植合作社的基础上，2018 年做大做强“养生＋农业”相结合的模式，带动更多人就业

小　结

“党建＋产业技术扶贫”培训由永州市委主导，整合相关职能部门资源，以农村党员和青年农民为培训对象，突出对党建带头人和农村后备力量的培训，为培育新型职业农民提供人才支撑和智力支持；采用“课堂＋基地”培训模式，以党建实务为先导，以理论教学授课与实践观摩研讨相结合的方式为新型职业农民培育提供理论基础和实践经验；以党建之力为新型职业农民培育提供方向引领；结合建档管理和跟踪问效实现培训的全程追溯，为新型职业农民培育提供了良好的样板。

永州市农村党员和青年农民培训，突出了党委的核心作用，并行之有效地贯穿整个培训过程。统一调配培训资源、统一安排参训学员、统一设计培训内容、统一进行培训管理，规范化操作、系统化培训，培训考核与监督管理相结合，收到了党建引领作用和脱贫“火种”的双重效应。经过“课堂+基地”培训模式，永州市已培养出一批理论素质和实践能力兼备的高素质农村实用人才“火种”，以燎原之势点亮产业脱贫新天地。永州市“党建+产业技术扶贫”培训的系统化及其特点，可为我国新型职业农民的培育提供借鉴。

第四章
新型农业经营主体

第一节　内涵

第二节　类型

第三节　带动效应

第四节　典型案例

农业现代化的逐步推进，促进了新型农业经营主体的发展，同时促进了新型职业农民的培育。党的十八大报告指出：“培育新型经营主体，发展多种形式规模经营，构建集约化、专业化、组织化、社会化相结合的新型农业经营体系。”

党的十九大报告指出：“发展多种形式适度规模经营，培育新型农业经营主体，健全农业社会化服务体系，实现小农户和现代农业发展有机衔接。”永州市委、市政府把握时代发展的大机遇，通过掌控全局、合理定位，整合优势资源，增强凝聚力，积极创新多元化培育方式，全力加快推进新型职业农民培养，加快新型农业经营主体培育，目前已经发展形成包括种养专业大户、家庭农场、专业合作社以及农业企业在内的多样化的新型农业经营主体，成为脱贫致富的依托、培育新型职业农民的载体。

第一节　内　　涵

2017年，《中共中央办公厅、国务院办公厅关于加快构建政策体系培育新型农业经营主体的意见》指出，在坚持家庭承包经营基础上，培育从事农业生产和服务的新型农业经营主体是关系我国农业现代化的重大战略。加快培育新型农业经营主体，加快形成以农户家庭经营为基础、合作与联合为纽带、社会化服务为支撑的立体式复合型现代农业经营体系，对于推进农业供给侧结构性改革、引领农业适度规模经营发展、带动农民就业增收、增强农业农村发展新动能具有十分重要的意义。伴随着我国农业经营制度的发展与变化，农业经营主体也随之发生变迁，从最初的传统小农户发展到目前的新型农业经营主体，经历了传统小农户发展到合作化农户，再到市场化农户，现在则演变为新型农业经营主体的发展阶段（见图4-1）。

对于新型农业经营主体，学术界未形成统一的界定。有学者将其定义为符合现代农业发展方向及社会主义市场经济发展要求的新型农业经济组织，以家庭经营制度为出发点，目标集中于农产品的生产和运营，具有经营规模大、基础设施较齐全、经营管理能力较强、资源禀赋条件良好、收益成本率高等特点。有学者将农民专业合作社、农民企业和专业大户作为新型农业经营主体

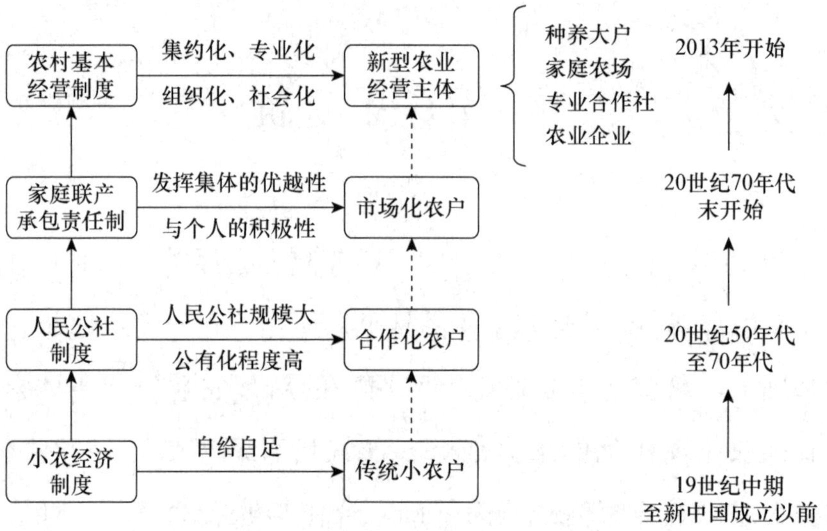

图 4-1　我国农业经营主体发展阶段

的3大分类。有学者认为新型农业经营主体以家庭农场、专业大户、专业合作社、龙头企业和经营性的农业服务组织为主要形式，具有较大的经营规模和较为先进的经营理念，能够整合人、财、物各种生产要素实现商品化、规模化和专业化的生产。有学者认为新型农业经营主体是在农户经营的基础上，创新地发展专业大户、家庭农场、专业合作社和涉农的龙头企业，新型农业经营主体包括专业大户、家庭农场、农民专业合作社、经营性农业服务组织、农业龙头企业5种类型。综上，不同学者对新型农业经营主体的讨论，多数从其包括的类型进行探讨。

新型农业经营主体，具有高度的稳定性以及较大的经营规模，具备较好的硬件设施及优秀的经营管理水平，其劳动生产效益高、资源利用更合理、土地产出率较高，主要是以商品化生产为目的进行农业生产经营的组织，是实现农业产业化升级的绝对力量。新型农业经营主体是实现农业生产要素集约化和市场化的重要配置，是实现现代农业的必要手段，新型农业经营主体的建设是城镇化和工业化的要求，是解决农村后续人力资源开发的有效途径，是面对农业出现“兼业化、副业化”趋势下，解决“谁来种地”这一问题的有效举措。新型农业经营主体是新型职业农民的载体，为新型职业农民的培育提供了重要平台。新型农业经营主体一般包括种养大户、家庭农场、专业合作社、农业企业等，可以分别从土地特征、劳动力特点、生产环节、投资方式、是否注册等几个方面进行描述，并进行对比分析（见表 4－1）。

表 4－1　新型农业经营主体的分类与基本特征

	种养大户	家庭农场	农民专业合作社	农业企业
土地特征	分散流转	连片流转	规模流转	规模流转
劳动力特点	季节性雇用	家庭劳动力	社员劳动力	长期雇用
生产环节	初级原料	初级原料＋加工	加工＋销售	品牌经营
投资方式	自有资本	自有资本为主	理事会成员投资为主	自有资本＋借贷资本
是否注册	否	是	是	是

第二节　类　型

根据实地调研，将永州市新型农业经营主体按照种养大户、家庭农场、农民专业合作社、农业企业进行分类，从土地流转方式、劳动力雇用情况、生产环节、投资方式、是否注册等几个方面论述其特点和区别。

一、种养大户

种养大户指那些种植或养殖生产规模明显大于当地传统农户的专业化农户。目前不同地区、不同行业种养规模和标准差异较大，需根据不同地区制定不同的标准。根据永州市的实际以及调研结果，按照产业类型对永州市新型职业农民种养大户进行划分。其中种植业主要根据种植面积、收入等指标确定，养殖业根据养殖规模、收入等指标确定。（1）种植业：粮油作物种植 30 亩以上，经济作物种植 10 亩以上，园艺作物种植 10 亩以上，或种植收益年收入高于当地农民平均水平 1 倍以上，帮助农民增收致富的业主或技术骨干人员，年收入 3 万元以上。其中种植业家庭农场主年收入应达 10 万元以上。（2）养殖业：常年生猪年出栏 500 头以上，肉禽年出栏 5 000 羽以上，蛋禽存栏 5 000 羽以上，牛出栏 10 头以上，羊出栏 50 只以上，水产养殖 50 亩以上，同等条件下养殖收益年收入高于当地农民平均水平 1 倍以上，帮助农民增收致富的业主或技术骨干人员，年收入 5 万元以上。其中养殖业家庭农场主年收入应达 10 万元以上。

永州市种植种类包括粮食作物、蔬菜、水果、油料作物、烤烟和中药材等。其中粮食作物产量最高，其余依次为蔬菜、水果、烤烟、中药材和油料作物等。各县（区）上述作物的产量表现出空间差异（见表 4 - 2），祁阳县粮食产量最高，为 64.55 万吨，占永州市粮食总产量的 20%；道县蔬菜产量最高，为 103.31 万吨，占永州市年蔬菜总产量的 16%，冷水滩区水果产量最高，占永州市水果总产量的 42%；东安县中药材产量占永州市中药材总产量的 64%；宁远县烤烟产量最高，占永州市烤烟总产量的 29%。

表 4 - 2　2016 年永州市各县（区）主要农作物产量　单位：吨

县（区）	粮食作物	蔬菜	水果	中药材	烤烟	油料作物
永州市	3 167 096	6 321 179	922 181	37 818	43 084	166 648
零陵区	371 658	960 910	108 222	5 565	521	22 475
冷水滩区	366 930	825 840	390 117	380	600	11 444
祁阳县	645 500	914 886	74 652	630	168	44 081
东安县	389 801	749 442	149 435	24 193	1 071	11 522
双牌县	72 616	165 000	9 706	1 230	60	2 153
道县	391 700	1 033 059	37 710	675	4 086	15 855
江永县	121 398	616 258	36 435	297	3 038	16 282
宁远县	303 103	314 311	16 560	1 152	12 521	9 882
蓝山县	126 331	229 710	9 909	732	6 615	15 795
新田县	159 078	271 075	25 526	1 486	6 787	4 606
江华瑶族自治县	218 981	240 688	63 909	1 478	7 617	12 553

以种粮大户为例，5 000 亩以上的种粮户有两家，均分布在祁阳县；3 000～5 000 亩的种粮户有 5 家，其中祁阳县有 3 家；按照种粮面积排序，30～100 亩的种粮户祁阳县数量居第一，共有 4 398 户，宁远县居第二，共有 3 970 户，其余依次为零陵区、冷水滩区和道县等。

二、家庭农场

家庭农场是指以家庭成员为主要劳动力，从事农业规模化、集约化、商品化生产经营，并以农业收入为家庭主要收入来源的新型农业经营主体。党的十七届三中全会上通过的《中共中央关于推进农村改革发展若干重大问题的决定》中，第一次将家庭农场作为农业规模经营主体之一提出，2013年中央“一号文件”再次提到家庭农场。家庭农场包括以下4个方面的内容：一是企业化，即必须到县级工商行政管理部门注册，成为企业化的法人主体；二是规模化，即自有承包地加上流转的土地必须达到一定的规模，这个规模可以由各个省级人民政府规定，以适应各地的资源禀赋情况，通过土地流转形成的养殖业、渔业和其他相关产业家庭农场也要达到相应的规模；三是集约化，即生产中的技术水平和机械化水平较高，对于粮食作物生产，可以按照经营面积规定农业机械数量及其配套情况；四是知识化，强调县级农业行政主管部门必须每年为家庭农场主提供一定次数的职业培训，规定家庭农场主必须参加这样的培训，以此作为年检的必备条件之一。截至2017年年底，永州市已累计发展家庭农场4 597家，省级示范家庭农场6家。其中，种植型2 083家、养殖型1 290家、种养结合型932家、休闲观光型176家、其他类型116家。各县（区）分布不等，排在前3位的分别是祁阳县589家、江永县581家、宁远县510家。从家庭农场的类型来看，种植型家庭农场占比最高，为45.3%，同时还出现了能人返乡创建家庭农场的典型，家庭农场的日益壮大，带动了农户脱贫致富。

典型展播 >>>

蓝山香花家庭农场——90后女大学生的创业园

蓝山县香花家庭农场位于楠市镇梁家村，总占地面积580亩，距蓝山县城20公里，处于夏蓉高速楠市收费站路口附近，地理位置得天独厚，交通极为便利。农场主李香花毕业于湖南农业大学园林园艺专业，90后大学生。

该农场成立于2015年6月，经工商部门注册登记，取得了法人营业执照，注册资金20万元，主要种植绿色葛根、红薯等，还加工、销售农产品和提供技术信息服务，注册了“花葛源”“薯叔来了”商标。农场劳动力来自家庭成员3人，季节性雇工10人。该农场通过土地流转集中连片种植，先后投入100多万元用于基础设施建设，购买农业机械、安装滴灌设施等必需农资农具，基地实行标准化农业生产和无公害适度规模种植，保证了农产品品质。2016年，农场依托农村淘宝开始接触网络电商销售，加入蓝山县农村淘宝“满天星”农产品溯源计划，年生产200吨，销售额200万元。该农场计划开拓新品种和新业务，拟种植柑橘100亩、建设养猪场30亩。

农场主杨香花曾先后荣获“第一届永州市创新创业大赛二等

奖”“2014年蓝山县乡村好青年”“蓝山县科普之星”等荣誉称号，其农场曾被评为“蓝山县巾帼科技示范基地”。

三、农民专业合作社

《中华人民共和国农民专业合作社法》将农民专业合作社定义为：“农民专业合作社，是指在农村家庭承包经营基础上，农产品的生产经营者或者农业生产经营服务的提供者、利用者，自愿联合、民主管理的互助性经济组织。”农民专业合作社以其成员为主要服务对象，提供农业生产资料的购买、使用；农产品的生产、销售、加工、运输、贮藏及其他相关服务；农村民间工艺及制品、休闲农业和乡村旅游资源的开发经营等以及与农业生产经营有关的技术、信息、设施建设运营等服务。农民专业合作社的类型较多，根据合作社功能进行划分，分为生产合作社、流通合作社、信用合作社、服务合作社等。生产合作社即从事种植、采集、养殖、渔业、牧养、加工、建筑等生产活动的各类合作社。流通合作社即从事推销、购买、运输等流通领域服务业务的合作社，如供销合作社、运输合作社、消费合作社、购买合作社等。信用合作社即接受社员存款，贷款给社员的合作社，如农村信用合作社、城市信用合作社等。服务合作社即通过各种劳务、服务等方式，给社员提供生产生活一定便利条件的合作社，如租赁合作社、劳务合作社、医疗合作社、保险合作社等。

截至2018年3月，永州市农民专业合作社5 662家，联合社51个，成员总数26.14万人。涉及种、养、加工及供销服务等众多领域，其中粮食类1 594个，占28.15%；畜牧类1 057个，占18.67%；水果类818个，占14.45%；蔬菜类752个，占13.28%；油茶类290个，占5.12%；药材类245个，占4.33%；烤烟类109个，占1.93%；其他797个，占14.08%（见图4-2）。全市农民专业合作社中被农业、财政、发改委、工商等部门认定的国家级示范社68个、省级示范社142个、市级示范社75个、县级示范社181个、各类示范社共计466个。

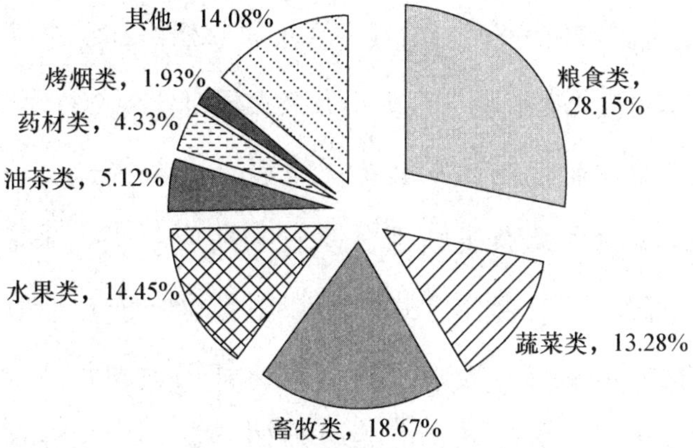

图4-2 永州市农民专业合作社类型占比

永州市各县（区）大力培育农机专业大户，依靠“农机大户+农机+农技+散户”推广代耕、代种、租种等模式，大力扶持发展农机专业服务组织，较好地解决了政府“统”不了、村组“包”不了、农民“干”不了的农业生产难题和农业生产劳动力不足的问题，有效抑制了土地抛荒现象，为集约化、规模化开展农业生产经营奠定了基础。

作为农民专业合作社的重要类型，永州市农机合作社具有重要地位。截至 2017 年年底，永州市各类农机服务组织 322 个，农机维修网点 473 个，农机经销点 749 个，农机化作业服务专业户 1.8 万户，农机大户（农机原值 20 万元以上）554 户，在工商部门登记注册的各类农机专业合作社 258 家，培育和发展现代农机合作社 154 家。这些农机专业合作社自身经营土地面积 31.8 万亩，服务作业面积 187.98 万亩，解决农民转岗再就业 2.1 万余人。江华瑶族自治县兴农农机合作社、宁远县三农农机合作社、永州市利农农机合作社被评为“全国农机专业合作社示范社”，永州市利农农机合作社等 5 家现代农机合作社被评为“2017 年省级农机专业合作社示范社”。

永州农民专业合作社发展主要有以下几种模式：一是基层站所牵头领办。由乡镇农机站等乡镇农业站所牵头，采取“站所＋农机大户＋农户”的合作方式，如祁阳县金龙农机合作社由该县大忠桥镇农机站牵头，吸纳农机大户、种田大户加入合作社，社内成员利益共享、风险共担。二是村级“两委”班子承办。由村党支部和村委会牵头，充分发挥基层组织的组织能力和领导能力，组织全村农户入社，带领群众合作致富。如零陵区永久农民专业合作社，由邮亭圩镇毛坪村党支部和村委会牵头创办，动员全村加入农机合作社，入社社员 192 户，全村 1 400 多亩土地由农机合作社代耕、代种、代收，实行农业生产全程农机化作业，农机化作业只收取农户油料成本费 35～45 元/亩。三是农机大户合作联办。农机专业大户之间围绕同一作业项目，采取“农机大户或种粮大户＋农机大户”的合作方式，农机用户带机加入或种粮农户带土地加入，实行入社自愿、信息共享、共同作业、统一结算。如祁阳县鑫穗农机合作社由全国种粮大户邓东胜发起成立，蓝山县牛角农机合作社由全国种粮大户陈昌军发起成立。四是农业龙头生产企业代办。由农业龙头生产企业根据生产基地和订单农户的要求组建农机合作社，开展机械化作业服务。如祁阳县湖南银光米业有限责任公司组建惠睿农机合作社，与基地农户签订合同，采取“六代办”方式（代耕、代育、代插、代管、代收、代烘干），开展机械化作业服务，目前该公司自建基地面积达 3 200 多亩，与农户签订合同面积达 2.5 万亩。

永州市农民专业合作社的服务方式不断创新。农民专业合作社经营服务方式按照市场的需求不断创新，产生了订单经营服务、协议合同服务、承包租赁服务、跨区作业服务、一条龙经营服务等，既提供单个生产环节的作业服务，也提供“一条龙”的全程服务，对外出打工农户提供耕地托管租赁服务。如东安县紫溪市镇利民农机服务农民合作社采取协议合同、承包租赁服务相结合等方式，自主承包经营流转土地 1 780 亩，每年与农民签订 4 000 亩晚稻代耕、代育、代插协议合同，为农民提供水稻全程机械化作业服务。祁阳大本农机合作社及社员承包的土地全部实现订单化作业，由银光粮油股份有限公司统一提供“天龙一号”稻种，统一进行烘干，统一进行订单价收购。江华瑶族自治县同丰农机作业专业合作社近1 000亩水稻种植基地，全部与同丰粮油有限责任公司签订订单生产合作，由该公司统一提供种子、化肥、农药给基地农户，成本每亩270元。

永州市专业合作社的内部管理逐步规范，技术人员对农民专业合作社的章程、规章制度、台账管理等进行技术指导，如对合作社的农机作业台账、社员台账、农业机械台账等基础性工作，统一制定标准表格下发农民专业合作社，方便进行台账管理。

四、农业企业

2017年永州市农林牧渔业总产值606.03亿元，全市万亩以上基地18个，万亩养殖场38个，是全省农产品重要生产、加工、出口原料示范基地，国家级出口食品农产品质量安全示范市。我国农业产业化龙头企业的国家评判标准从总资产、固定资产、年销售收入等几个方面衡量。总资产规模：东部地区1.5亿元以上，中部地区1亿元以上，西部地区5 000万元以上。固定资产规模：东部地区5 000万元以上，中部地区3 000万元以上，西部地区2 000万元以上。年销售收入：东部地区2亿元以上，中部地区1.3亿元以上，西部地区6 000万元以上。依据该标准，永州市有国家级龙头企业3家（熙可食品、金浩茶油、银光粮油）、省级43家、市级龙头企业236家。从永州市下辖的九县两区、两个管理区、一个经济开发区的整体发展情况来看，永州市现有农产品加工企业总数为 4 537 家，其中包括规模以上企业 344 家，市级龙头企业 236 家，省级龙头企业 43 家，国家级龙头企业 3 家和其他。在4 537 家企业中，年销售收入过亿元的企业有 144 家，2017 年4 537 家农产品加工企业的年销售收入为 579 亿元，上缴税金 8.2 亿元，利润总额达 34.5 亿元。从各区县的发展情况上来看，3 家国家级龙头企业中有 1 家在冷水滩区，另外 2 家均在祁阳县；43 家省级龙头企业中，有 12 家分布在冷水滩区；236 家市级龙头企业中，冷水滩区分布有 37 家，数量最多。在永州市 4 537 家农产品加工企业中，祁阳县有 1 715 家，占到了 38%的比例，而且年销售过亿元的企业数、2017 年年销售收入、上缴税金、利润总额均高居榜首（见表 4－3、图 4－3）。

通过订单合同、合作等方式带动农户进入市场，实行产加销、贸工农一体化的农产品加工或流通企业。和其他新型农业经营主体相比，龙头企业具有雄厚的经济实力、先进的生产技术和现代化的经营管理人才，可以与现代化大市场直接对接。

表 4－3　　2017 年永州市龙头企业概况

县（区）	农产品加工企业总数	年销售过亿元企业	2017 年年销售收入（亿元）	上缴税金（万元）	利润总额（万元）	规模以上企业	国家级龙头企业	省级龙头企业	市级龙头企业
合计	4 537	144	579	82 250	34 4571	344	3	43	236
冷水滩区	215	14	59	8 552	18 566	17	1	12	37
零陵区	289	11	41	5 504	24 597	34	0	4	28

续前表

	农产品加工企业总数	年销售过亿元企业	2017年年销售收入（亿元）	上缴税金（万元）	利润总额（万元）	规模以上企业	国家级龙头企业	省级龙头企业	市级龙头企业
祁阳县	1 715	34	144	16 485	60 394	61	2	6	18
东安县	364	2	40	1 998	37 217	39	0	1	29
双牌县	213	15	35	8 391	13 477	20	0	1	12
道县	121	17	43	11 305	26 562	32	0	4	13
宁远县	415	9	51	13 480	18 767	52	0	2	30
蓝山县	336	2	34	4 673	23 476	15	0	4	12
江华瑶族自治县	401	2	41	5 161	35 140	26	0	3	17
江永县	172	30	13	944	7 989	10	0	1	6
新田县	262	30	70	5 282	64 887	33	0	3	26
金洞管理区	28	0	2	221	681	1	0	0	3
回龙圩管理区	1	1	2	15	1 745	1	0	0	2
永州市经开区	5	1	4	240	1 687	3	0	2	3

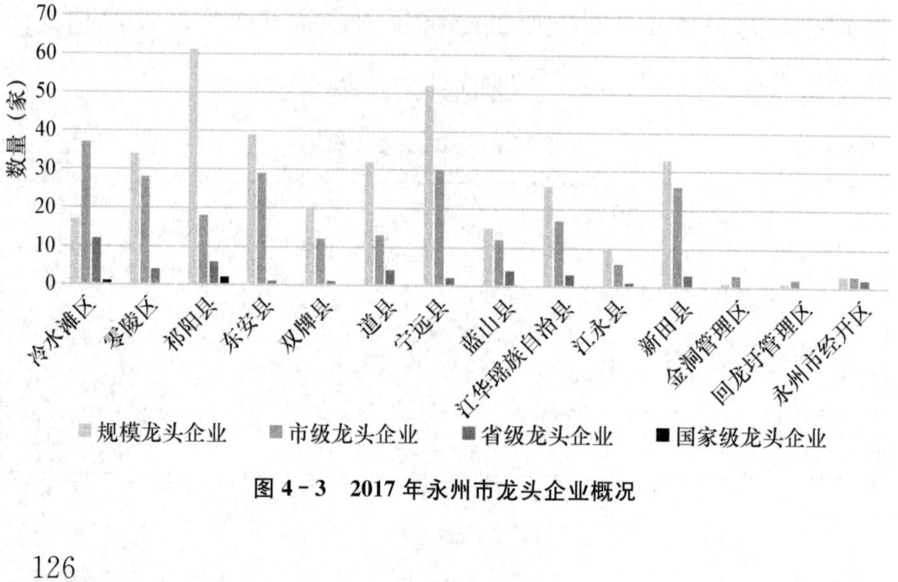

图4－3　2017年永州市龙头企业概况

第三节　带动效应

近年来，永州市将新型农业经营主体和脱贫攻坚工作有机结合，鼓励引导农民专业合作社、家庭农场、农业企业等新型农业经营主体通过吸收入社、解决就业、土地流转、股份合作等模式积极参与扶贫攻坚，使新型农业经营主体逐渐成为产业扶贫的主力军。永州市新型农业经营主体通过租赁土地、农户以土地入股等形式，加速了土地流转，充分利用农村的“四荒”（荒山、荒沟、荒丘、荒滩），避免了农村土地的抛荒问题，同时新型农业经营主体带动其他农户有力构建起“经营主体＋农户”的有机衔接，形成利益共同体和产业链条，解决了“谁来务农”的问题。据统计，截至2017年，全市农民专业合作社带动土地流转面积171.4万亩，带动农户28.3万户，家庭农场经营土地面积51万多亩，家庭劳动力1.6万人，长年雇用劳动力1.01万人，临时雇用劳动力10.2万人。这里以课题组调研的主要合作社为例，说明其类型和带动效应（见表4－4）。

宁远县鑫农淮山种植专业合作社流转土地面积11 868.6亩，以种植淮山、葛根等为主，运用“合作社＋基地＋农户”的科学发展模式，辐射和带动了32个村、1 500余户的规范化种植，长期解决了2 817名农村剩余劳动力就业。江华瑶族自治县桥市乡猴山家庭农场共承包经营土地 1 700 多亩，主要种植纽荷尔脐橙、红肉脐橙、南丰蜜橘、早熟蜜橘等水果，年产脐橙、南丰蜜橘等 260 多万公斤，产品远销黑龙江、吉林、广东、深圳等地，直接带动农民 169 人、辐射带动 1 500 人种植柑橘，种植面积达5 000 余亩，并为果农提供种植技术帮助和产品销售渠道，果农人均年纯收入 3 500 元以上，农民增收 500 万元以上。

表 4－4　　永州市新型农业经营主体的类型和带动效应

名称	类型	带动效应
福娃生态产业开发有限公司	龙头企业	带动 600 余人就业
鑫农淮山种植专业合作社	国家级示范社	带动 2 817 人就业
猴山家庭农场	家庭农场	辐射带动 1 500 人种植柑橘
湖南果秀食品有限公司	龙头企业	带动 8 000 人就业
温氏养殖集团	龙头企业	带动零陵区 2 062 人就业

宁远县福娃生态产业开发有限公司（福娃生态产业园），位于九嶷山瑶族乡新塘村富硒谷，是宁远县文旅集团控股的子公司，2017 年 8 月开始投资兴建，规划占地面积 1 190 余亩，总投资 1.2 亿元。福娃生态产业园按功能划分为珍奇水生动物科普科研区、金鲲生态养殖观光区、特色美食体验区、大型机动游乐区、农耕文化体验区、中小学生教育实践基地 6 大区域，成为与乡村旅游相结合的现代田园综合体。建成后可实现大鲵养殖规模 100 万尾，年产值 1.5 亿元，每年上缴利税 3 200 万元，解决当地 600 余人就业。

其他农业龙头企业，如湖南果秀食品有限公司带动 8 000

人就业，温氏养殖集团带动零陵区 2 062 人就业。农业龙头企业在推动永州市农业发展和带动脱贫致富方面起着举足轻重的作用。

第四节　典型案例

新型农业经营主体是新型职业农民培育的平台，新型职业农民依托种养大户、专业合作社、家庭农场和农业企业等逐渐成长，这些新型农业经营主体的带头人是新型职业农民的“领头雁”。

一、种养大户

种养大户主要包括专业种植户和专业养殖户，他们从事的是面向市场的商品化、专业化和规模化的种植业或养殖业。种养大户一般具有较高的种养技术水平，通过种养大户的示范引领，带动周边小农户脱贫致富。实地调研的种养大户以种植业为主，具有以下 3 个方面的共同点：一是经营规模大，二是绿色生产，三是带动效应。永州市新型农业经营主体的培育，注重发挥党建引领的作用，在当地党委的引领下，积极发挥基层党组织和党员的带动作用，有效促进了新型职业农民的培育和壮大。

典型展播 >>>

种养大户

种养大户典型案例1——冯德友

近年来，冷水滩区牛角坝镇党委充分发挥基层党组织的领航作用，坚持用基层党建引领、服务镇域发展，以推进“两学一做”常态化制度化为抓手，深入抓好基层党建各项重点任务，不断提升基层党建工作整体水平，切实点亮基层党组织的领航效应。

冯德友是牛角坝镇雷溪坪村监委会主任，在村委会的推荐下参加“党建＋产业技术扶贫”培训，学到养殖技术后，扩大养殖规模，目前养鸡场大约占地20亩，年利润15万～20万元。他还带动周边村民学习养殖技术，新建7个养鸡场，养殖规模均在12 000～15 000只，并成立了合作社。目前该养鸡场长期雇用4名员工，解决12名贫困户就业，每人每年工资收入5万元。

在参加了“党建＋产业技术扶贫”培训后，冯德友收获了种养结合的理念，开阔了思路。他用无添加剂的玉米作为饲料，鸡粪采用分离机分离，将分离出来的粪便污水当作种植的肥料，剩余的干粪以500元/吨的价格出售。

党员提高自身技能水平，在带头富的同时，带动周边群众共同脱贫致富，这也是永州市新型农业经营主体培育的一大特色。

种养大户典型案例 2——周时胜

近年来，双牌县打鼓坪乡党支部认真贯彻落实中央和省市县委的决策部署，牢固树立科学理念，突出改革创新，多措并举以新保障、新亮点、新活力推进基层党建工作，成效明显，荣获“全市先进基层党组织”荣誉称号，党建工作连续 3 年获得全县先进。

周时胜，双牌县打鼓坪乡单江村人，2014—2016 年担任村支书，是培训中心第 1 期学员。培训期间，学习了种植技术，发展中药材、红心猕猴桃和脆红李、石榴等品种。他经营的水果基地有 100 亩的面积，全部用农家肥；种植的中药材 3 000 亩，天然生长不施化肥，计划发展到 5 000 亩。产业经营采用“合作社＋公司”模式，中药材合作社是省级示范合作社，茶叶合作社是市级示范合作社，公司被评为农业产业化的龙头企业。两个合作社现有 50 多个社员，其中贫困户 30 多户，贫困户以土地入股的方式加入合作社，年增加收入约 3 000 元。中药材合作社每年都有新社员加入，增加 200～300 亩，预期以后每年收益 700 万元。种植水果预计收益 100 万元，仅猕猴桃每年可增加 30 亩的种植面积，以现有 10 元/斤的市场价计算，每亩收益约 3 万元，带动效应明显。

面对收获，周时胜深有感触地说：“参加培训，让我找准了发展方向，增强了致富的信心。”

二、以特色农业为主的农民专业合作社

本次课题组调研的 8 个合作社（见表 4－5），均以种植经济作物为主。各合作社利用自身的组织、人员、技术、资金等优势，广泛吸引村户入社，成为培育新型职业农民的重要平台。

表 4－5　　课题组调研合作社概况

名称	成立时间	注册资本（万元）	主营业务	规模
鑫农淮山种植专业合作社	2010.9	1 509	淮山	18 868 亩
和丰农机服务农民专业合作社	2015.7	200	水稻	10 000 亩
东安县富康养鸡农民专业合作社	2012.4	520	蛋鸡	2.7 万只
时胜中药材种植专业合作社	2010.1	868	中药材	2 000 亩
鑫森水产养殖专业合作社	2017.6	300	海虾淡养	385 亩
喜儿登种养专业合作社	2015.3	200	金丝皇菊	300 亩
江永县合胜种植专业合作社	2017.8	200	香柚	275 亩
宁远县云松家禽养殖专业合作社	2017.7	70	九嶷山兔	200 只

典型展播 >>>

和丰农机服务农民专业合作社——代耕万亩稻田

道县和丰农机服务农民专业合作社近两年投入 390 余万元建立了高标准党员活动中心和 5 个生产实训基地，充分发挥党员骨干作用，提供各类农机技术服务 300 人次以上，每年代耕代种面积 1 万亩以上。通过不断加强对专业合作社经营发展的党建引领，把合作社带头人发展为党组织负责人，把技术骨干、种养大户发

展为共产党员，把共产党员培养成技术骨干，实现了基层党建和专业合作社业务经营的有机融合，相互促进。

和丰农机服务农民专业合作社是培训中心教学实践基地，负责人彭云丰是村支部书记、种粮大户。该合作社成立于2015年，生产设备由最初的8台增加到126套（件），价值1 200万元。合作社入股形式主要有三类：第一类为带资入社，即将自有机器作为合作社资产，折算为股份；第二类为合伙购买农机设备，折算为股份分红；第三类为土地入股，流转户每年固定分成几百斤稻谷。合作社发起人5人，分红收益约为60万元/年，合作社成员总共有130余人，主要为该村附近的种粮大户。

该合作社未来发展目标：扩大种植规模，成立商会和联合合作社，1家公司+5家合作社以上，土地规模超过1万亩，精加工大米形成商标品牌。

三、龙头企业引领

农业企业是指采用现代企业经营方式，进行专业分工协作，从事商业性农业生产及相关活动，并实行独立经营、自负盈亏的经济组织。农业企业在适应多变的市场环境和应对激烈的国际竞争方面具有较大的优势。在不断完善与广大农户的利益联结机制的基础上，农业龙头企业作为产业化经营的先导力量将扮演独特而重要的角色。农业企业可以是专业农户注册的，但更多的是规模大小不等的龙头企业，主要为农产品生产的各个环节提供服务，是连接专业化的小农户和大市场之间的桥梁。

永州市的农业企业分为两大类，一类是农民流转土地成立有限责任公司，另一类是农业龙头企业和资本下乡的工商企业。农民流转土地创办的企业与当地农户有着千丝万缕的联系，在解决当地农业劳动力就业、提高农民收入方面发挥着重要作用，而且农民企业家发展家乡事业的责任感可以让当地经济受益。因此，各地在引导监督的基础上，为了与专业大户和家庭农场相适应，建立健全了土地流转服务机制，强化了支持力度。

典型展播 >>>

新金浩茶油股份有限公司——造福万家农民

湖南新金浩茶油股份有限公司是一家集科研、种植、生产、销售茶籽系列高档食用植物油于一体的现代化民营企业。公司注册资本 9 000 万元，总资产超 8 亿元。公司自成立以来，坚持走“公司＋基地＋农户”的农业产业化发展道路，先后在省内祁阳、益阳、衡阳及江西萍乡建设了 4 大生产基地，直接或间接带动 4.8 万多农民增收致富，带动农民创收 300 多万元。先后被评为全国经济林产业化龙头企业、国家农业产业化重点龙头企业、湖南省食品工业千亿产业突出贡献企业、全国油茶产业重点企业、全国放心粮油示范加工企业、全国食用植物油加工 50 强企业。公司5大生产工厂共建有十多条工艺先进的预榨、浸出、精炼、灌装自动化生产线，购置了配套完整的精密实验、检测与检验设备，引进了先进的油脂精炼和茶油产品开发技术。开发的主打产品“金浩茶油”系列高档食用植物油，已先后获得了“中国驰名商标”“绿色食品”“有机食品”“放心粮油”“全国油茶籽油知名品牌”等荣誉称号，茶油产销量稳居全国第一。

小　结

伴随着我国农业经营制度的发展与变化，农业经营主体经历了传统小农户→合作化农户→市场化农户→新型农业经营主体的变化，经营模式由传统生产经营模式逐步向产加销一体化经营转变，由单一要素合作向劳动、技术、资金、土地等多要素合作转变，提高了农业组织化程度，促进了分工分业和规模经营，推动了农村经济的发展和农民收入的提高，现代农业基础不断巩固和优化，实现了提质增效。永州市新型农业经营主体以种养大户、家庭农场、农民专业合作社、农业企业为主体，充分发挥基层党组织的引领带动作用，在创收、带动农民脱贫致富的同时，成为新型职业农民培育的重要载体，探索了可供复制和推广的经验。

第五章
产业技术扶贫模式与案例

在调研中发现，永州市通过大力开展“党建+产业技术扶贫”培训，采取集中培训与跟踪问效相结合的方式，着力打造了一支“爱农业、懂技术、善经营”的新型职业农民队伍，并以新型职业农民队伍为主力军探索了六种产业技术扶贫模式（见图5－1）：农业特色产业扶贫模式、资产收益扶贫模式、就业扶贫模式、生态农业扶贫模式、电商产业扶贫模式、旅游扶贫模式，为深入推进乡村振兴战略打下了坚实基础。本章将结合典型案例，重点论述每种模式及其“火种效应”。

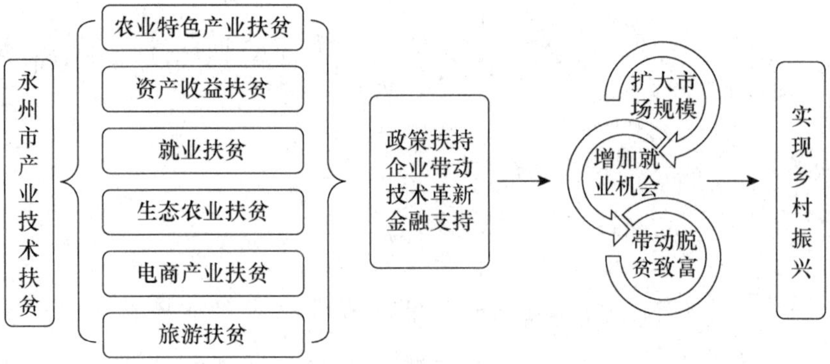

图5－1　永州市产业技术扶贫模式

第一节　农业特色产业扶贫模式

农业特色产业扶贫模式利用贫困地区资源优势，发展特色农产品种养，鼓励引导工商资本进入农业生产领域，发展生态农业和农副产品加工业，打造永州市贫困村特色产业，延伸农产品价值链，带动贫困户就地就业创业，实现增收致富。

农业特色产业是具有比较优势的农业产业，是一个国家或地区根据地理区位特征、资源禀赋状况、社会文化环境、科技发展水平等综合条件，经过一段时间的积累与沉淀形成的具有地域特色和市场竞争力的农业产业或农业产业集群。农业特色产业的发展同步于县域经济的发展，是县域经济发展的主要驱动力。农业特色产业扶贫是以市场为导向，以提高质量、增加效益为中心，以产业发展为杠杆，以农业特色产业发展为根本途径，充分挖掘地方优势特色资源，转变农村经济发展方式的扶贫模式，也是在农村经济发展壮大的同时，农户依靠自身“造血”功能、实现根本脱贫的重要途径。

一、永州市农业特色产业概况

永州市自然资源丰富，河流密布，水系发达，光照充足，雨量充沛，无霜期年均285～311天，年降雨量1 290～1 900毫米，气候和区位优势明显，为农业发展提供了相对优越的条件。农业发展历史悠久，当地农民积累了大量种植柑橘、油茶和烟叶等经济作物的经验。生态环境良好，生物多样性丰富，农业生产的环境污染小，适合发展无公害、绿色、有机的农产品。

永州市根据贫困地区的农业资源禀赋，以市场为导向，大力发展特色种养业。2016年，《永州市农业产业发展“十三五”规划》制定了11个重点发展产业及其区域布局。2018年，《永州市申报“一县一特”主导特色产业目录表》指出13个县（区）主导特色产业现有的产业规模和认证情况。全市已建立了粮食、油料、果蔬、茶叶、烤烟、畜禽、水产、木竹林化、中药材、农产品加工、休闲农业等优势产业群及各具特色的商品生产、加工基地，已发展了粮食、畜禽、柑橘、油茶、茶叶、蘑菇、生姜、香芋八大优势产业。“十三五”期间重点围绕优质稻、生猪、油茶、柑橘、茶叶等优势主导产业，以发展“一县一特”主导特色产业为目标，以产粮大县、生猪调出大县、油茶示范市、柑橘优势产业带等为依托，每个县（区）发展1个主导特色产业。围绕零陵区宽皮柑橘、冷水滩区优质稻、祁阳县油茶、东安县东安鸡、双牌县楠竹、道县道州脐橙、江永县江永香芋、宁远县九嶷山兔、蓝山县蔬菜、祁阳县蔬菜、江华瑶族自治县江华苦茶、回龙圩管理区蜜橘12个“一县一特”产业，优化农业产业布局，通过“创品牌、建园区、抓龙头”等方式推进农业特色产业发展。目前，永州市已初步形成“一乡一业、一村一品”的产业扶贫发展格局，有345个贫困村发展特色种养业。

永州市通过“三品一标”（无公害农产品、绿色食品、有机农产品和农产品地理标志）认证的农产品总数达到368个。瑶山雪梨、九嶷山兔、江永香姜、江永香柚、江永香芋、江华苦茶、永州异蛇、江永香米8个农产品成为国家农产品地理标志产品，江永香芋、江永香柚、江永香姜、东安鸡、江华苦茶、道州脐橙6个商标成为国家地理标志证明商标，舜皇山土猪、永州山苍子油、江永香芋、江永香柚、江永香姜、陶岭辣椒、新田大豆、祁阳石、祁阳槟榔芋、东安鸡10个农产品成为国家地理标志保护产品。

二、典型案例

典型展播 >>>

郭小刚：带领贫困村民油茶林淘宝

祁阳县大忠桥镇江边村村民郭小刚，2012年开始种植油茶，由于没有掌握相应种植技术，油茶种植面积一直维持在30亩左右。2017年，他参加了培训中心第6期种植班培训，学习油茶培育改造技术后，通过承包村民土地和土地流转等方式，将油茶种植面积扩大到500亩。在他的带领和精心指导下，同村4户村民以及邻村1户村民掌握了油茶种植技术，现已开始种植油茶。作为江边村村支部书记，郭小刚对未来有着宏伟的构想，由于江边村以山地为主，气候土壤条件适合种植油茶，郭小刚计划未来流转村里的荒地，以合作社的形式大力发展油茶种植产业，吸纳村里现有的23户44位建档贫困户，带动全村人共同脱贫致富。

点评：郭小刚通过培训学到了技术，实现了脱贫致富。对于周边村民而言，郭小刚以产业技术这根“点金棒”相授，使他们能够“点林为金”。对于江边村而言，产业技术使郭小刚拥有带动一方山水的能力，一方面，以油茶产业带动村民脱贫致富，促进当地油茶产业发展；另一方面，因地制宜利用当地现有资源，变绿水青山为金山银山，在绿水青山中共享发展成果。在郭小刚身上，党员致富带头作用得到了充分发挥和体现。

典型展播 >>>

李成佳：为老百姓脱贫留下“绿色银行”

道县白芒铺乡野竹福村村民李成佳，是从农村走出来的大学生，2009年回村与朋友合资创立永州市森海农林开发有限公司，该公司目前种植2 000亩油茶，是培训中心的教学实践基地。李成佳选择油茶种植的原因是：“茶籽树的寿命有一百多年，过了20～30年的承包期，留给老百姓的是青山绿水，拥有了一个‘绿色银行’，村民还会继续有收入。如果我种水果树，到时候还给他们贫瘠的土地，他们什么也没有。我们选择种植作物时不要只想到自己，还要带着当地的老百姓一起发展，这是一份财富”。

带着留一份财富给当地百姓的想法，2014 年李成佳与 200 多户农户签订了 2 000 多亩的土地流转合同，与合资人共计投资 1 000多万元发展油茶生产基地。目前公司已注册商标“福岩洞”，申请建设油茶压榨厂，并建设展销中心。2014 年种植的油茶树 5 年后才能有收益，2019 年以直销为主，通过线上线下渠道销售，产品首先满足国内市场需求。

油茶生产基地为周边经济带来了一份新的生机活力。公司每年需 3 000～4 000 个工日，一般以 80 元的日薪雇用 50～60 岁的老人，也雇用附近 3 户建档贫困户（其中一户 2017 年已脱贫）。公司从 2015 年开始带动当地农户种植油茶，被带动者种植规模为 100～400 亩。公司以市场价或更高价格收购其全部茶籽。据测算，油茶林种植后第 5 年到第 10 年，每年产量将成倍增长，10 年以后产量趋于稳定。2019 年将是森海农林开发有限公司的开局年，油茶生产基地将为李成佳和当地老百姓留下一笔绿色财富。

永州市森海农林开发有限公司的油茶林（局部）

点评： 李成佳具有绿色发展的理念，油茶产业不仅能将当地闲置土地转化为绿色宝藏的油茶产业，而且能将当地剩余劳动力、周边农户带动起来共同挖掘这份绿色宝藏，承包期结束后当地百姓可以继续受益。

典型展播 >>>

李志辉：“平菇＋虾”实现三产融合

李志辉是蓝山县塔峰镇西埠头村村支部书记，高中毕业后从事农业生产，2000年开始种植平菇。他于2017年参加培训中心第3期养殖培训班，在掌握养殖产业技术以外，还从公共课中学习了微营销、“三农”政策与新型职业农民培育、创意农业与乡村旅游、国家乡村振兴战略、农业产业园规划等内容，开阔了视野，更加明确了自己作为村干部的使命职责。培训后，他牵头成立了蓝山县建辉科技蔬菜种植专业合作社，目前种植平菇8万袋。合作社共有8位社员，均以资金入股的方式获得分红，每户年均分红约3万元。李志辉从2017年12月开始养殖小龙虾，发挥种养结合优势，用种植平菇的菌渣养蚯蚓、小龙虾。已带动周边4户农民前来学习平菇种植技术，在李志辉的指导下，每户平均每年增收2.5万元。作为村干部，李志辉考虑到本村具有明显的地理优势，下一步打算依托高标准农田建设项目，采取村民自愿入股的方式建立合作社，共同发展水果种植、花卉种植以及龙虾养殖产业等，发展乡村旅游，实现农业一二三产业融合，带动村民脱贫致富。

点评：李志辉以农业生产者和村干部两重身份带动村民脱贫致富：一方面，将养殖技术应用于实践，发挥种养结合优势，提高产值，并以种养技术带动周边村民发展；另一方面，建立种养合作社，发展乡村旅游，带动全村村民脱贫致富。村干部李志辉充分发挥了党员的先锋模范作用和产业技术扶贫的“火种效应”，造福了一方百姓。

典型展播 >>>

蒋楼喜：把金丝皇菊种成“致富花”

道县营江街道办事处上汶村村民蒋楼喜，2012 年从深圳返乡创业，2013 年创立品牌“云溪涧”，2015 年注册永州市喜儿登种养专业合作社，种植 20 亩金丝皇菊。2017 年参加培训中心第 7 期培训班，学习了种植技术，了解了农村一二三产业融合、“党建＋产业技术扶贫”以及“美丽乡村”等农村农业政策。培训使蒋楼喜更加坚定了种植金丝皇菊的决心。

培训后，他成功探索了菊花茶、玫瑰花茶、牡丹花茶“三朵花”的栽培技术，以“公司＋合作社＋农户”的运营模式带动周边村民：一是吸纳村民到合作社务工、加工和包装产品，优先考虑贫困户。从 2012 年帮扶 10 户发展到目前的 60 多户，帮工工资按天结算，200 元/天。二是 2017 年与农户签订协议，免费给农户提供技术和种苗，带动了周边午田村、麻元里村的 3 户贫困户，每户每年可创收 5 万元。蒋楼喜目前身兼多职：企业公司老总、培训班第 7 期学员、道县营江街道办事处上汶村支部委员。关于未来规划，蒋楼喜计划在道县云溪水库建设一个集研学、旅游、体验、观光和食宿于一体的田园综合体项目，规模扩大至 300 亩以上。目前已建成 500 个车位的停车场、游览道、观景台。

点评：蒋楼喜在培训中学习掌握了产业技术，在实践中进一步摸索积累，厚积薄发，完成技术创新和模式创新，以雇工带动周边村民就业，以传授产业技术搭配保底回收带动周边村民创业，以田园综合体项目带动一方山水。产业技术扶贫的收益不断增长，“火种效应”明显。

典型展播 >>>

蒋作红：五千亩脐橙鼓起农民“钱袋子”

道县祥霖铺镇下蒋村村民蒋作红，2007 年 7 月注册成立道县柑橘协会，2011 年注册成立道县下蒋旺红脐橙专业合作社。合作社采取“统一生产技术、统一农资购买、统一品牌、统一包装、统一销售、分户生产管理、分户资金核算”的经营模式，以《合作社章程》为依据，从事标准化生产和操作。合作社现有社员 101 人，主要分布在祥霖铺镇下蒋村、朱家村、杏花村等地，共种植纽荷尔脐橙5 000余亩，年均总产量8 000余吨，年营业销售收入3 000余万元。该合作社是培训中心的实践教学基地，蒋作红身兼培训中心教学点教师，为前来学习的农村党员和青年农民传授脐橙种植技术，还免费为从事脐橙产业的学员们实地跟踪问效。

点评：蒋作红采用标准化生产方式，以统一的产业技术要求保障合作社社员生产脐橙的品质，并在此基础上以统一品牌统一销售合作社脐橙。他既是产业技术的推广者，采用合作社的形式带动社员生产致富；又是产业技术严格推行的把关人，保证社员执行标准化生产操作，以《合作社章程》为纽带有效推动产业技术推广。

典型展播 >>>

李甫生：砂糖橘助贫困户“甜蜜蜜”

2015 年，蓝山县塔峰镇西外村村民李甫生流转土地 430 亩，成立蓝山县姗珊果业有限责任公司。2017 年，他参加了培训中心 2017 年第 2 期种植培训班，回乡后砂糖橘种植面积扩建至 200 亩，实现了 2 万元/亩的收益。

砂糖橘种植基地长期雇用 13 人，以贫困户为主，一年发放工资总计 34.8 万元。其中，3 人按 3 000 元/月的固定工资计薪，剩余 10 人按天计算工资，即每人约 2 000 元/月。李甫生为本县另一乡镇发展的规模化砂糖橘种植基地免费传授经验技术，为本镇 14 户农户免费提供技术培训，使其种植规模增至 20～200 亩，平均约40亩/户，在盛产期实现1 120万元的收益。

点评：李甫生通过参加培训中心种植培训，掌握了特色产业砂糖橘种植技术，具备了扩大经营规模、发挥“火种效应”的能力。在扩大砂糖橘经营规模的条件下，以雇佣劳动力带动周边农民脱贫致富，免费提供技术点燃一方产业，授之以渔，使贫困农户也具备了增收致富的“造血”能力。

典型展播 >>>

唐孟军：让两万蛋鸡生“脱贫金蛋”

东安县养殖东安鸡450万羽，年产值3亿元，拥有龙头企业湖南省东安鸡科技有限公司、25个农民专业合作社，重点以国家地理标志保护产品“东安鸡”为主，打造区域品牌，建设东安蛋鸡产业园区。

东安县大江口乡新麻塘村村民唐孟军是一名返乡创业人员，参加培训中心2017年第1期养殖培训班，学习了蛋鸡养殖技术，创建东安县凤凰蛋鸡场养殖标准化示范场，占地19亩，现有24 000只蛋鸡，雇用5名工人。采用生态化养殖将自然发酵的废弃鸡粪作为肥料免费提供给种植户，“变粪为宝”。

点评：作为一名党员，唐孟军在长期生产经营和系统培训学习中掌握了蛋鸡养殖技术，并带动周围蛋鸡养殖发展，实现了“造血”扶贫。他将蛋鸡生产技术免费传授给村民，将鸡粪作为肥料提供给种植户，实现了对村民和贫困户的多层次帮扶发挥了产业技术扶贫的“火种效应”，体现了新型职业农民的绿色经营理念。

典型展播 >>>

罗桂梅：把九嶷山兔打造成生态名兔

九嶷山兔是国家农产品地理标志产品，是宁远县“一县一特”主导特色产业。宁远县养殖肉兔 30 万只，年出栏肉兔 580 万只，年产值 0.35 亿元，有九嶷山兔实业开发有限公司、宁远县九嶷兔业开发有限公司、永州嶷凤农业发展有限公司 3 家省级龙头企业。

宁远县中和镇四都社区杉树脚村村民罗桂梅，2016 年返乡养殖九嶷山兔，参加培训中心 2018 年第 7 期培训，学习了肉兔养殖技术。目前养殖 200 只九嶷山兔，采用生态化养殖技术，将鲜草作为饲料，将草药和红薯酒糟作为拌料，以改善九嶷山兔的肉质。由于品质好，她所饲养的九嶷山兔已拥有了稳定客户，线上和线下销售相结合，每年收入达 10 多万元，净利润 4 万～5 万元。

未来，罗桂梅计划扩大养殖规模，拓展外地市场，摸索出九嶷山兔养殖技术后，提供优良种兔和免费技术，带动村里妇女一起养殖，并且建设加工厂，在当地大规模高标准发展九嶷山兔产业链。

点评：罗桂梅的养殖技术仍处于探索阶段，目前养殖九嶷山兔的最大困难在于养殖规模小，无法批量长途运输活体，只能在本地销售。她的经营仍然存在一定的风险，例如2018年7月因天气炎热兔子患病，存栏量减少至100只，仅保留了种兔。罗桂梅的案例启示我们，培训还需进一步在传授本地特色种养技术、集中攻关个性化疑难问题上下功夫，“土洋结合”才能更好地满足学员的需求。

典型展播 >>>

朱习洪：海虾淡养见证海归情怀

道县营江街道办事处午田村村民朱习洪，曾长期在国外养虾，2015年返乡创业，成立道县鑫淼水产养殖专业合作社。至2018年8月，累计投资420万元，建55个虾塘。每个虾塘利润约2万元/期，一年养2～6期。目前，合作社雇用了8～30人，每人每月薪酬为2 000～2 500元底薪加5%的利润提成。

朱习洪以鱼粉作为饲料提高养殖海虾的品质，产品供不应求。他免费传授上述海虾淡养技术、出售虾苗，带动周围7户经营海虾淡养，且平均每年增加2～3户。海虾淡养基地是培训中心的教学实践基地，每半个月培训一批学员，但由于海虾淡养技术细节较多，3年才能完全掌握，学员需留在基地深入学习专业养虾技术。

朱习洪为学员现场讲解海虾淡养技术

点评：朱习洪取得经营成效并带动他人致富的关键就在于掌握了技术。他通过免费教授周边农户和前来培训的学员技术，将自己经实践验证的产业技术模式不断复制给周围农户，培育出海虾淡养技术传播者，以“火种”传递“火种”，形成燎原之势。同时，朱习洪的海虾淡养基地为学员拓展学、深入学打造了良好平台，为培训中心创新培训模式提供了新思路、新方向。

典型展播 >>>

陈辉：集约化养鱼风生水起

道县白马渡镇雷家洞村村民陈辉，原来在云南做木材生意，

2013年返乡，结合钓鱼的爱好，将家鱼集约化养殖作为自己的产业。第一年前期投入10多万元，建设厂房、购买设备，养殖5万尾鱼，由于不懂技术，鱼死近半。2017年，陈辉参加了培训中心2017年第8期养殖培训，通过课堂学习和现场互动，学到了家鱼集约化养殖技术。培训之后，他成立了道县雷家洞村四大家鱼养殖合作社，以所学养殖技术进行生产，最多时养殖30万尾鱼，合作社成为培训中心的教学实践基地，每期培训班都有学员前来参观学习。他还带动周边农户进行集约化养殖，7户建有小鱼塘、8户建有大鱼塘，除免费传授养殖技术外，还平价提供鱼药。2018年陈辉养殖七八万尾鱼，预计年收入30万～50万元。

陈辉集约化家鱼鱼塘（局部）

点评：陈辉作为返乡能人经过培训掌握了产业技术，具备了带动周边村民致富的能力。通过培训中心的学习，他开拓了经营思路，创建合作社，并搭建了带动培训班学员学习产业技术、脱贫致富的平台，产生了良好的示范带动效应，当地村民，尤其是贫困户对这一扶贫模式给予充分肯定。

典型展播 >>>

李宝成：林下养石蛙 村民摘穷帽

2013 年 12 月，祁阳县小金洞乡小金洞村村民李宝成以 100 万元人民币注册成立了永州祁阳金洞管理区宝成养殖专业合作社，他与 5 名合伙人从村集体承包 3 000 亩山林，在林下养殖石蛙，大多为林中繁衍的原生蛙种，目的是保护生态环境。石蛙每年的产量能达到 3 000 斤，毛利润约 30 万元。2018 年，李宝成以石蛙养殖为基础建起了农家乐，并配置了水上乐园。合作社带动贫困户入股分红，其中 17 户以人力入股、50 多户以资金入股。

点评：李宝成充分利用本地资源优势，积极探索林下养殖技术，承包村集体林地，以保护生态环境的方式繁衍林中原生蛙种。坚持灵活的扶贫方式，通过雇用林场管理人员，贫困户收入达到 80 元/天，他还拓展服务业，经营农家乐和水上乐园，带动贫困户入股，贫困户以人力和自有资金方式入股，占“农家乐”49%的股份，从而把绿水青山变成了金山银山，扶贫效果显著。

第二节　资产收益扶贫模式

资产收益扶贫模式是在扶贫产业项目中，将自然资源、公共资产（资金）或农户权益资本化或股权化，相关经营主体利用这类资产或权益产生经济收益后，贫困村或贫困户按照股份或特定比例获得收益的模式。这种模式不依赖农户的独立经营能力，对失能和弱能贫困人口扶贫具有很强的针对性和操作性。赋予贫困户产权或股权，有利于其积累资产并利用这些资产持续受益，实现持久脱贫。农民自愿将个人的资源、资产、资金、技术等入股到经营主体，参与分红，成为股东。

一、永州市资产收益扶贫概况

资产收益扶贫是扶贫开发新模式，目前各地在实践中探索，还没有形成固定的模式。永州市对资产收益扶贫模式的探索，主要分为以下两个类型：

一是以光伏扶贫为代表的自然资源参与模式。该类扶贫模式充分利用当地太阳能资源，与扶贫资金、企业投资、农户自筹资金等对接，形成集中或分散式光伏电站，上网发电后，农户可按照发电量获得资产收益。

二是鼓励贫困户将可申请的扶贫资金或贷款、农机设备或土地以入股的形式交由合作社统一经营，贫困户获得相应的资产收益，带动贫困农户增收。

二、永州市光伏扶贫

永州市光伏扶贫是创新扶贫资金投入方式、提高资金使用效益的有效方法，是实现贫困地区、贫困村绿色发展、稳定脱贫的重要手段。永州市太阳总辐射量在 4 000～5 000 兆焦/平方米，太阳能资源丰富。光伏扶贫可以充分利用贫困地区太阳能资源丰富的优势，通过开发太阳能资源，连续 25 年产生稳定收益，实现了扶贫开发和新能源利用、节能减排相结合。永州市光伏扶贫通过“自发自用、多余上网”的模式，为农民增收、脱贫致富开辟了新途径。

2017 年，永州市及各县（区）贫困村中已开工建设 657 个光伏电站，建设规模 39 420 千瓦，已完成投资 2.4 亿元，其中已并网 557 个，并网规模 31 974 千瓦。从扶贫效果看，永州市 2017 年光伏产业带动 2 841 户贫困户每年平均增收 3 896 元；根据永州市扶贫办预测，2018—2020 年永州市依托光伏扶贫可实现脱贫人口 28 127，占总脱贫人数的 14%左右（见表 5－1）。

表 5－1　永州市 2018—2020 年光伏扶贫预计脱贫人口数　单位：人

	2018 年	2019 年	2020 年	三年合计
预计脱贫人口总数	125 038	67 762	4 845	197 645
光伏扶贫脱贫人口数	20 404	6 683	1 040	28 127

从区域分布情况看，双牌县、祁阳县、东安县、冷水滩区、道县、金洞管理区等县（区）对辖区内贫困村已实现光伏扶贫全覆盖，双牌县、祁阳县和东安县已全部实现并网。零陵区、江华瑶族自治县、宁远县、江永县、新田县等县（区）成立了专门的班子负责光伏扶贫项目，正在积极探索光伏扶贫模式。例如，零陵区计划投资 8 610 万元在 41 个省级贫困村建立光伏电站，总装机量 12 300 千瓦，现已建成并网发电站 11 个，总装机量 1 360 千瓦；江永县拟引进企业投资，前三年收益全部用于村集体，且必须保证在 4 万元以上，不足部分由企业补齐，以后收益按比例分成；新田县积极与金融部门衔接，争取农行“光富贷”光伏扶贫支持政策，以农建投为平台融资，整体推进该县光伏扶贫项目。

宁远县东溪街道凤阳村黑泥井 6 000 千瓦光伏电站

三、典型案例

典型展播 >>>

道县和丰农机合作社：变资源为资产

道县积极推广农业机械化，推动农业现代化进程，先后被评为全国农业标准化示范县、全省机械化插秧示范县、全省水稻育插秧机械化技术示范推广县。2016 年，道县农业机械总动力已达 9.7 万台（套），农业机械化率达 56%，全县拥有农机专业合作组织 12 家，农机用户达 1.8 万，农机从业人员达 5.5 万。

道县和丰农机服务农民专业合作社位于道县上关街道，合作社负责人彭云丰为村支书，卸任后于 2015 年成立了和丰农机服务农民专业合作社，2018 年该社已拥有农机生产设备 126 套（件），总价值 1 200 万元，合作社成员 130 余人，建立了规范化的党员活动基地和 5 个生产实训基地，是培训中心实践教学基地。

道县和丰农机服务农民专业合作社努力探索资产收益扶贫模式，农民和贫困户可通过以下方式入股合作社：第一种是带资入社，即农户将自有机器折算为合作社资产，并拥有相应股份；第二种是合伙购买农机入社，即农户或贫困户合伙购买农机设备作为合作社资产，按比例折算为股份；第三种为土地入社，即农户或贫困户将自有土地作为合作社资产，按比例折算为股份。通过资产收益扶贫模式，和丰农机服务农民专业合作社年分红约 60 万元，带动贫困户 130 余人年均增收 5 000 元左右，脱贫效果显著。

道县和丰农机服务农民专业合作社

点评：道县和丰农机服务农民专业合作社发挥了合作社的自主能动性，以私有农机入股、合伙购买农机和土地入股等方式，积极探索资产收益扶贫模式，为贫困户带来了持久可靠的收益。现代农业的发展，在于规模化、集约化、产业化。合作社以强大的资产优势吸引农村人口特别是无一技之长的贫困人口加盟其中，参与分红成为股东，能有效加速传统农民的转型。

典型展播 >>>

宁远鑫农产业化基地：变资金为股金

宁远鑫农（舜宁）农业产业化基地是宁远县农业产业精准扶贫项目基地之一，总面积5 000亩，投入1 600万余元。该基地由经济能人欧阳植竹承包经营，主要种植淮山、葛根等40多种蔬菜。2010年，欧阳植竹等5人在基地的基础上发起成立宁远县鑫农淮山专业种植合作社，合作社发展至今共有社员2 389人，是永州市唯一一家国家级农民专业合作示范社。截至2017年，合作社成员在培训中心接受培训的人员有200多名。

合作社积极响应企业扶贫号召，自觉承担企业帮扶职责，主动探索资产收益扶贫模式，农民和贫困户可通过两种方式入股合作社：第一种方式是以扶贫贷款入社，即贫困户以分贷统还的方式，从农商行申请产业扶贫贷款，并委托合作社实施产业开发和基地建设。合作社每年按照不低于贷款总额的10%分红给贫困农户，共计391名贫困对象以扶贫贷款入股391万元。第二种方式为以土地入社，即贫困户将自有土地或村集体将集体土地作为合作社资产折算为股份，贫困户和村集体均参与分红，共有17个村集体和400余户村民以土地入股。实践证明此举实现了企业、村集体和贫困户“三赢”。

点评：宁远鑫农（舜宁）农业产业化基地作为宁远县农业产业精准扶贫项目基地，充分发挥发展规模大、带动能力强、集约化程度高等优势，通过扶贫贷款入社和土地入社两种方式，探索了资产收益扶贫模式，实现村集体平均分红5万元，贫困户年均分红3万元，共帮扶脱贫2 000余人，达到了贫困户以最小投入获得最大回收的倍增效果。此外，宁远鑫农模式对培育和发展新型农业经营主体具有一定的积极借鉴意义。

宁远县鑫农淮山专业种植合作社种植基地（局部）

典型展播 >>>

好又来葡萄种植专业合作社：变农民为股民

根据《宁远县产业精准扶贫规划（2016—2020年）》的部署，宁远县到2020年需要新建高标准果园8.5万亩，其中葡萄种植1万亩，主要分布在水市、湾井、冷水、太平、禾亭、中和、桐木漯、棉花坪8个乡镇，覆盖贫困村57个、贫困户2 018户、贫困人口 8 586 人。

宁远县中和镇坝眼村好又来葡萄种植专业合作社隶属于绿峰农业发展有限公司，该合作社专营葡萄种植，2 个基地总土地面积 300 多亩，基地的葡萄主要供游客采摘，另外少部分用于酿造葡萄酒。

好又来葡萄种植专业合作社通过探索资产收益扶贫模式，形成了两种贫困户入股合作社参与分红的方式：一是吸引贫困户用政府扶贫贷款入股合作社，贫困户作为合作社的股东；二是鼓励贫困户以土地入股合作社参与分红。通过资产收益扶贫模式，合作社解决了初期的资金和土地筹集问题，但由于合作社成立于 2017 年，时间尚短，其脱贫效果尚未显现。根据目前的经营情况，预计好又来葡萄种植专业合作社每年可向贫困户分红 3 000～10 000 元，实现入股合作社贫困户全部脱贫。

好又来葡萄种植专业合作社生产基地

点评：好又来葡萄种植专业合作社通过向农户承诺分红，拉动农户入股合作社，形成了资产收益扶贫模式，可实现入股贫困户有效分红，让资源变资产，既解决了合作社发展问题，又为贫困户脱贫找到了新方式，这种扶贫模式具有周期短、易操作、可复制等特点，为精准脱贫提供了新的便捷路径。

第三节　就业扶贫模式

一、永州市就业扶贫概况

永州市始终把促进和改善贫困劳动力转移就业作为脱贫攻坚任务和民生改善的主要目标。针对贫困劳动力的年龄大、文化水平低、技能弱等特点，永州市积极将“输血”扶贫转向“造血”扶助。为贫困群众带来稳定的就业岗位和收入来源，也是近年来永州市推动脱贫攻坚工作提质增效的重要着力点。

2017年，永州市坚持高位推动，凝聚攻坚合力；摸清底数，筑牢帮扶基础；强化培训，提升就业技能；产业带动，企业反哺扶贫，推动就业扶贫工作取得新成就。全市新增农村贫困劳动力转移就业1.3万人，完成贫困对象技能培训13 290人、贫困家庭富余劳动力培训1 257人，共有23万贫困人口参与扶贫产业。

二、典型案例

典型展播 >>>

江永合胜种植专业合作社：香柚地里人满园

江永县是有名的“中国香柚之乡”，江永香柚获农业部“首批地理标志农产品”认证。2016年，江永香柚种植面积已达10万余亩，良种化率在95%以上，柚果总产量5.8万吨，总产值2.8亿元，是江永县重点的扶贫产业。

江永县桃川镇向阳村村支书何流勤，在2017年6月作为村里的党员干部参加了培训中心第8期种植班培训。参加培训后，何流勤成立了江永合胜种植专业合作社，流转土地200多亩，带领全村人民开始发展香柚种植。

江永合胜种植专业合作社雇用长工和短工带动贫困户就业，带动向阳村1 000余名农民参加合作社的务工劳动，为全村大部分贫困户提供了脱贫岗位。在香柚授粉等最忙的时段，可提供短工岗位70余个，日工资可达120元，实现短工贫困户年增收1 000余元，长工贫困户年收入2万余元。

点评：何流勤作为村里的党员和干部，积极发挥先锋模范作用，利用所学，通过创办合作社带动全村富余劳动力就业，实现了以产业促就业、以就业促脱贫。合胜种植专业合作社采取“先进带后进，师傅带徒弟”，通过“一帮一”“一帮多”的办法，让贫困户看到了希望，而且尝到了实实在在的甜头，为村民脱贫致富注入了新动能。

典型展播 >>>

新田东升蔬菜农场：为万人提供“金饭碗”

新田县2017年共种植蔬菜18.5万亩，结合《新田县产业和生态保护扶贫实施方案》，县财政安排富硒产业开发、粮食发展、蔬菜发展基金共400万元，引导其他传统蔬菜基地提质改造。

新田县东升村村支书刘道忠1995年回乡创业，并在2008年创办了新田东升蔬菜农场，是湖南省唯一的大型富硒蔬菜企业，目前新田东升蔬菜农场已成为培训中心实践教学基地。以雇工带动村民脱贫，公司现有产业雇用农民620人，其中有270名贫困户，人均月收入达到2 800元以上。公司还大力开展现代农业技术培训，帮助困难家庭技术就业。自农场建立以来，共开设培训班100多期，培训内容包括下种、培管、采摘、择菜、包装、仓储管理、物流销售等环节，吸纳培训农民工和困难职工7 000多人次，实现就业12 000人，帮助3 500户困难家庭脱贫。

点评：新田东升蔬菜农场之所以能成就一番事业，关键是当家人刘道忠有勇于回报家乡的情怀，其最大的亮点不是自身做大，而是利用自身所学，自费为农民和困难户开设田间课堂，用心培养了数以千计的“田秀才”“土专家”，增强村民脱贫致富的“造血”功能，完美地将“扶贫”和“扶智”有机结合，实现了其脱贫。

典型展播 >>>

左坝烟农专业合作社：不让一个贫困户掉队

宁远县是全国现代烟草农业整县推进试点县，实现了“工场化生产、企业化管理、专业化分工、集约化经营”的现代农业生产模式。根据《宁远县产业精准扶贫规划（2016—2020 年）》的部署，“十三五”期间，全县种植烤烟 8 万亩，主要布局在柏家坪、仁和、水市、湾井、冷水、中和 6 个乡镇，覆盖贫困村 67 个，涉及建档立卡贫困户 1 270 户、贫困人口 9 300 人。

宁远县柏家坪镇坝子头村村支书李国训发挥党员带头致富作用，于 2009 年借助国家出资成立了左坝烟农专业合作社，种植烟草面积 13 000 亩。烤烟的种植过程烦琐，包括育苗、采摘、编烟和烘烤等程序，因而能够提供就业岗位帮扶大量贫困户脱贫。

左坝烟农专业合作社长期雇用贫困劳动力 70 余人，雇工年龄最高达 70 余岁，贫困户每年平均收入达到 5 万元以上。左坝烟农专业合作社还成立专业的扶贫队伍，为农户提供种植技术培训和机器设备购置的服务，通过扶持其他农户开展烤烟专业合作社，间接带动了百余贫困户就业。

点评：李国训通过创办烤烟合作社，为贫困户提供了脱贫岗位，应值得点赞。此外，他还成立专业扶贫队伍，尤其是雇用了“年龄大，技能弱，文化低”的困难脱贫群体，攻克了贫中之贫，困中之困，更应该拍手叫好。李国训与他的左坝合作社甩开膀子大胆扶贫之举，为充分用好用活农村富余劳动力开辟了新路径，让党旗在农村大地迎风飘扬。

典型展播 >>>

东安田园综合体：“农旅结合”拓新岗

东安县依托得天独厚的自然资源，以创建国家全域旅游示范区为契机，将生态农业建设与休闲观光旅游结合起来，先后出台了《东安县全域旅游（微旅游）总体规划和创意策划》和《东安县鼓励微旅游发展的若干意见》，引导农民建立各种农庄、果园，打造乡村旅游田园综合体。

东安县鹿马桥镇马头湾村金易德农业发展有限公司是一家集合作社、自来水厂、房地产、旅游为一体的综合性企业，已有农产品基地 12 个，拥有无土栽培西瓜、莲子、再生米等多个有机农产品品种。在农旅结合方面，公司投资建成了 800 多平方米的金易德客栈，既能让游客品尝有机蔬菜，又能为游客提供休憩之地。同时，该公司还大力发展水产品养殖业务，计划再养殖几十亩龙虾，力争打造出高品位的田园综合体。

在扶贫方面，公司主要通过给贫困户提供就业岗位帮助其脱贫。采取雇用长、短工结合的方式，目前共雇用了 160 多个贫困劳动力在农产品基地和客栈工作，雇工主要在 50～60 岁，带动贫困户平均每年增收 2 万多元。

金易德农业发展有限公司生产基地（局部）

点评：金易德农业发展有限公司在力争打造田园综合体的同时，努力吸纳大量贫困户就业，带动了当地 160 余贫困劳动力年均增收了 2 万多元，成了一颗燃烧旺盛的脱贫“火种”。

第四节　生态农业扶贫模式

一、永州市生态农业扶贫概况

生态农业扶贫模式是通过保护生态环境和发展生态经济，以实现修复生态系统、保护环境和消除贫困为目的的一种扶贫方式。在自然生态较好、自然资源较丰富地区，利用丰富的自然资源发展林下经济、循环经济、特色产业、生态旅游业，促进生态保护和扶贫开发良性互动。

生态环境是永州市宝贵的资源和优势，农业的发展要与全市生态环境保护和绿色发展战略相匹配、相融合。基于新型的商业理念和商业模式，永州市充分发挥生态山水、生态农产品的潜在价值，让永州的绿水青山变成金山银山，实现发展永州绿色健康产业和永州农业绿色健康发展的双重目标。通过总结永州市案例，生态农业扶贫大体包括以下几个方面的内涵：第一，根本目标。生态农业是未来农业发展的一个主要方向，具有广阔的发展空间，其根本目标就是要促进可持续发展，在保护发展的基础上，实现共同富裕。第二，主要形式。生态农业倡导粮食作物与多种经济作物相结合，实现农、林、牧、渔的综合发展。生态农业扶贫的方式有很多，目前在永州市存在的主要形式有林下经济、田园综合体、有机认证以及绿色发展。第三，主要特征。生态农业扶贫是依托生态农业发展的优势，带动更多的人加入队伍中来，实现脱贫致富，将农业发展与第二、三产业的发展相结合。第四，主要原理。通过协调发展与环境之间、资源利用与环境保护之间的矛盾，形成生态与经济上的良性循环，实现经济、生态、社会三大效益相统一（见图5－2）。

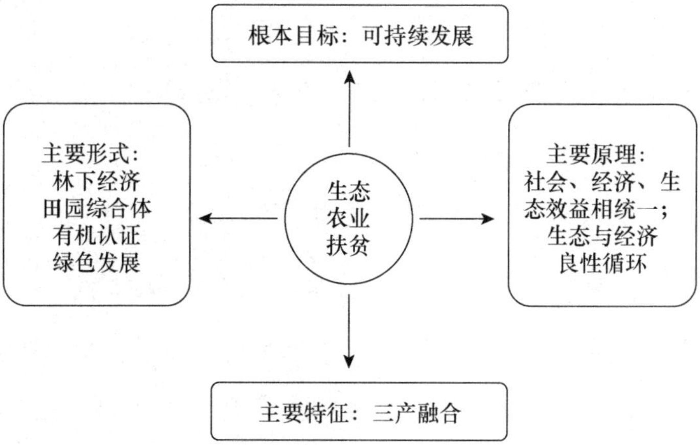

图5－2　永州市生态农业扶贫内涵

二、典型案例

典型展播 >>>

宁远好放心米业有限公司：烟田种出“扶贫米”

宁远县好放心米业有限责任公司立足宁远县的生态资源优势和独特的烟稻轮作耕种模式，深入挖掘九嶷山传统舜耕文化。“九嶷素米”品牌获2015年中国中部（湖南）农业博览会“金奖”产品荣誉称号、2015年“湖南名优特产商品认定证书”。该公司成立于2015年7月，注册资金6 800万元，采用“互联网＋企业＋基地＋农户”的模式运行。公司种植有机大米，拥有3大品牌、12种产品，其品牌“九嶷素米”主要销往广州，目前市场供不应求。利用“烤烟-水稻”轮作、秸秆还田，确保稻米绿色安全。采用“公司＋基地种植农户”的种植模式，实行“五统一”的合作方式种植绿色水稻面积5万亩，年产优质绿色生态稻原粮2万吨，加工优质稻谷1万吨，销售收入1亿元。

该公司积极参与产业精准扶贫，2016年通过土地流转建设22 410亩绿色水稻种植基地，按照重点产业扶贫的要求，帮扶了湾井镇九嶷山瑶族乡等10个乡镇60个村的1 060户3 735名建档立卡贫困户。该项目是2016年度湖南省重点产业扶贫项目，采取委托帮扶和直接帮扶两种模式对贫困对象进行帮扶，实现脱贫致富。委托帮扶方面，公司对3 735名贫困对象采用委托帮扶形式，使用重点产业财政扶贫资金747万元和扶贫小额信贷1 500万元扩大生产规模，进行市场化经营，并将经营利润对贫困户实行保底分红。由县扶贫办、财政局、审计局、贫困户理财监督小组进行清算，确保帮扶对象按协议实现年利润分配落实到户、到人。每亩可实现收益320元，利润的75%归贫困农户所有，25%用于购买企业的技术服务，贫困对象每人每年可实现增收1 440元。直接帮扶方面，公司对500多户有生产能力的贫困户采用“企业＋基地＋种植农户”的种植模式，统一提供种子，统一配送农资，统一种植技术和耕作管理，统一订单收购，统一生产加工和品牌销售，并将这种模式全部用于绿色水稻种植基地建设，按每人 10 亩种植面积测算，每个贫困对象可直接收入 1 200 元。如果水稻种植增收计划出现意外，公司承诺对贫困农户按不低于投入资金的 15%保底分红。

点评：好放心米业有限责任公司是永州市典型的以发展生态农业带动脱贫的案例，该公司致力于产品从生产、加工到销售的全过程的生态发展，以技术创新带活产业链，以绿色发展带动就业，实现三产融合。好放心米业有限责任公司的成功经验就在于专注于一种产品的开发，并将其从田间地头到消费者餐桌的全过程做精、做细、做大。

好放心米业有限责任公司的可持续发展理念不仅给公司带来了巨大的收益，而且还造福了一方百姓，先后有上万户农户加入九嶷素米的种植当中。此外，该公司所采用的水稻与烤烟轮作的方式值得推广，这种方式不仅可以改善土壤质量，还有利于种植出更高品质的水稻品种，是一种可持续、效果好的扶贫模式。

九嶷素米商标及包装

典型展播 >>>

温氏养殖集团：养良心猪做良心事

温氏养殖集团是一家以养鸡业、养猪业为主导，兼营生物制药和食品加工的多元化、跨行业、跨地区发展的现代大型畜牧企业集团。2016年温氏养殖项目参与永州市零陵区的产业扶贫工作，在全区各级部门的支持下发展迅速，对当地精准扶贫的产业带动作用明显。

温氏养殖集团通过发展合作户带动周边农户。集团对合作户采取“五统一”（统一种苗、统一饲料、统一防疫、统一药物、统一销售）“一条龙服务”管理模式，2016年以来，共发展合作户135户、年出栏规模16万头。在扶贫方面，全区42个扶贫村，已有26个贫困村、52户与温氏养殖集团签订合作协议，年出栏规模7万头。另外，温氏养殖集团通过“银行＋企业＋养户”模式协助零陵区，于2016年至2017年5月，发放小额信用贷款2 455万元，带动全区491户2 062人脱贫，每户贫困户年收入5 000元以上。

点评：“既要金山银山，也要绿水青山”，作为永州市著名的龙头企业，温氏养殖集团依托自己的规模化养殖优势，带动当地农户脱贫效应显著。温氏养殖集团严格遵守《零陵区畜禽养殖布局规划》，坚持适度发展，科学发展和生态发展，走出了一条经济效益和社会效益高度融合的路子，为脱贫攻坚提供了强力支撑。

典型展播 >>>

和泰生态农业有限公司：稻蛙与鳅池共舞

宁远县柏家坪镇坝子头村村民李胜华，返乡之前在苏州昆山市开办模具厂，雇用工人70余名。2013年他决定返乡创业，开始种植蔬菜和苗圃，但由于人工成本太高，2017年开始转向特种养殖产业。目前养殖模式是“稻蛙鳅池”，实现了水稻、水稻花、泥鳅、石蛙、害虫之间的有机复合式立体养殖。目前石蛙批发价达到20.5元/斤，主要销往重庆、成都、武汉、长沙等地，供不应求，一年营业额达120万元左右。和泰生态农业有限公司已被宁远县设立为特种养殖示范基地。

李胜华由于带头发展产业，获得了村民支持，已经被乡镇列为乡村后备干部进行培养。目前雇用的5个工人中，3个是本村建档立卡贫困户，每个月工资2 400元，实现脱贫。

点评：李胜华的复合式立体养殖案例是典型的循环经济发展模式，水稻中养殖石蛙，水稻花成为泥鳅的食物，泥鳅又能净化水质。该种养模式既有利于保护生态环境，也带来了可观的经济效益，而且作为新型职业农民带头人的李胜华还带动了农户增收，成了村民脱贫致富的“领路人”。

典型展播 >>>

学员杨义勇：誓当扶贫“领头雁”

宁远县文庙街道恩里村村民杨义勇是村党支部书记。2017年返乡养殖土鸡，参加了永州市农村党员和青年农民种植班培训。回乡后成立养殖合作社，吸纳村里老人进行林下土鸡养殖，流转土地、种植柑橘，目前合作社种植柑橘300亩，养殖土鸡3 000多只，有社员22户，其中18户贫困户以国家扶贫专项资金入股合作社。

该合作社以就业带动周边农户脱贫。柑橘的种植需要育苗、栽种、修剪等过程，日常也需要工人进行维护；土鸡通过散养的方式进行养殖，卖出时需要雇用部分劳动力。据统计，合作社平均每月需雇用60个工日的劳动力，在合作社务工的贫困户一年可增收3 000～4 000元。

点评：在脱贫攻坚战役中，村支部书记杨义勇勇于担当，与贫困户同劳动共甘苦，誓为扶贫的“领头雁”，值得称赞。他整合本地资源，从事林下生态养殖，将油茶、柑橘的种植与土鸡的养殖相结合，利用有限条件科学种养，获取最大收益，并带动相当规模的贫困户脱贫。这种模式具有硬件设施投入少、农民易接受、带动力强等特点，对于精准扶贫很有推广价值。

第五节　电商产业扶贫模式

电商产业扶贫模式通过吸纳贫困人口从事电商及物流配送等关联产业解决就业问题，并为贫困人口创造更多购买物美价廉产品的机会，其核心目标就是要提高贫困家庭的实际收入，其本质属性是让贫困地区对接电商大市场，拓宽脱贫致富的路子。

电子商务具有销售范围广、交易成本低廉、商业信息及时对称、交易所需周期短、交易双方信用有保障等传统商业无法具备的特点，适应了时代潮流。农村电子商务利用互联网等信息技术，通过遍布乡、镇、村的“三农”信息服务站终端直接扎根于农村、服务于农民，使农民成为平台最大受益者，为所有从事涉农生产经营的主体提供网上销售、购买、电子支付等业务的服务。

一、永州市电商产业扶贫概况

2015 年，永州市委、市政府下发《关于加快电子商务发展的实施意见》，各县（区）迅速响应，把电子商务作为县（区）党委政府的重要工作进行部署。永州市农村电商扶贫采用农产品上行和工业品下行的两条循环路径（见图 5－3），贫困户进行农业生产，与村级电商服务站之间建立起产品流和信息流的双向流通关系，贫困户在将产品送至村级电商服务站的同时，还可以获得来自城市的物美价廉的商品。村级电商服务站的上一级是县级电商运营中心，运营中心与城市中的农产品加工厂、农资产品供应商和工业产品供应商实现对接。

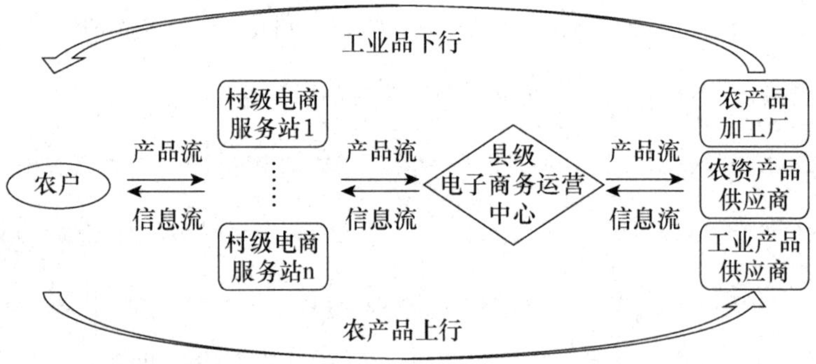

图 5-3　永州市农村电商扶贫概念图

从全市农村电商的发展状况来看，永州市具有发展农村电商的自然优势，农产品种类丰富、产量高，通过网络销售可以进一步扩宽销售渠道。截至 2017 年年底，永州市共建成县级电子商务运营中心 19 个，电商服务站累计 2 300 余个，其中农村电商服务站超过 1 200 个。

永州市牢固树立“互联网+”思维，把发展农村电商作为精准扶贫的创新举措。其先后与阿里巴巴集团、甲骨文科技、京东集团深度合作，推进阿里村淘和“满天星点亮中国·湖南永州农产品防伪溯源质量安全体系”、京东农村电商建设项目，成为全国首个在县（区）同步推进农村淘宝、京东农村电商和产品溯源项目的地级市；与邮政公司深度合作，推进邮乐购永州馆建设，带动贫困对象产品线上销售。农村电商的发展促进了农村人才大量回流，一些县（区）出现了电商村、电商街，大众创业、万众创新的氛围日益浓厚。

2017 年，永州市抓住被列为全省唯一的“中国社会扶贫网”整市推进试点市的机遇，积极探索推行“12345”的永州模式：“1”即一网统领，构建扶贫大平台，构建一张与新闻网站、政府门户网站、微信公众号、移动终端等网络媒介相融合的立体互动网络平台；“2”即两线并行，融入市场大舞台，坚持线上注册与线下活动同步并行、扶贫与扶智同步并行；“3”即三级联动，市里组建中国社会扶贫网湖南永州管理办公室，总揽全市社会扶贫网试点运行，县区设立管理中心，乡镇设立服务站，村设立信息管理员；“4”即四员助力，组建“扶贫志愿者、扶贫服务专家、扶贫监督员、扶贫形象大使”四支队伍；“5”即五台同唱，围绕“两不愁、三保障”的脱贫目标，针对贫困户的个性化帮扶需求，发起“医疗、教育、危改、产业、德智”五个爱心众筹平台，努力走出了一条社会扶贫的“永州路径”，培育了社会扶贫品牌，为全国全面启动社会扶贫网探索积累了丰富的实践经验。2017 年 9 月 28 日，全国“互联网＋”社会扶贫工作现场推进会在永州市江永县举行，会上，“中国社会扶贫网”在全国全面启动。

从永州及各县（区）农村电商扶贫的发展成效来看，目前，全市共建设了贫困村电商网点 240 个，1.8 万余名建档立卡贫困人口从中受益，江永县、祁阳县、新田县先后被评为国家电子商务进农村综合示范县。零陵区借助“永州同城联盟”电商平台，打造全市首个包销村，解决了老百姓鲜活农产品销售渠道少、销售难等问题。江永县依靠电商销售香柚、香芋、香姜、夏橙、香粽等特色农产品总额达 8 亿余元，其中潇浦镇向光村的夏橙线上销售额达 900 余万元，共带动 3 500 余户贫困户人均增收 560 元。江华瑶族自治县与中南大学对接，引导农户入驻中南大学扶贫队打造的手机电商平台——瑶都优品，开发农产品 28 种，直接带动就业 67 人，创收总计 70 余万元，采取“互联网＋公司＋农户”的模式，带动贫困农户发展产业，促进贫困户增收脱贫：江华同丰粮油食品公司带动贫困户发展水稻产业和就业，帮扶贫困户 1 438 户，全县有机大米产业每年每亩为贫困户增收 600 元，惠及贫困人口约 2 万人；瑶山雪梨等优质水果产业产品每亩增收 5 000 元以上，惠及贫困人口约 1.3 万人。祁阳县新塘角村依托电商站点，帮助村民销售生姜、槟榔芋、黄花菜等特色农产品，为该村 26 户贫困村民人均增收 1 000 余元，激发了村民电商致富热情，现已发展 600 亩槟榔芋、200 亩生姜基地，走上了“农村电商＋基地”良性发展轨道。

永州市农村电商发展现已基本形成了自上而下与横向发展相结合的模式。在国家及地方政策支持、永州市及各级党委组织、政府牵头及乡村推行的自上而下的四级联动发展方式下，加之

“互联网＋公司＋农户”“互联网＋贫困户”“农村电商＋基地”等实践方式的运行，有阿里巴巴集团、甲骨文科技、京东集团等大型电商企业的助力支持，永州市将实现县域特色农产品的全流通（见图 5－4）。

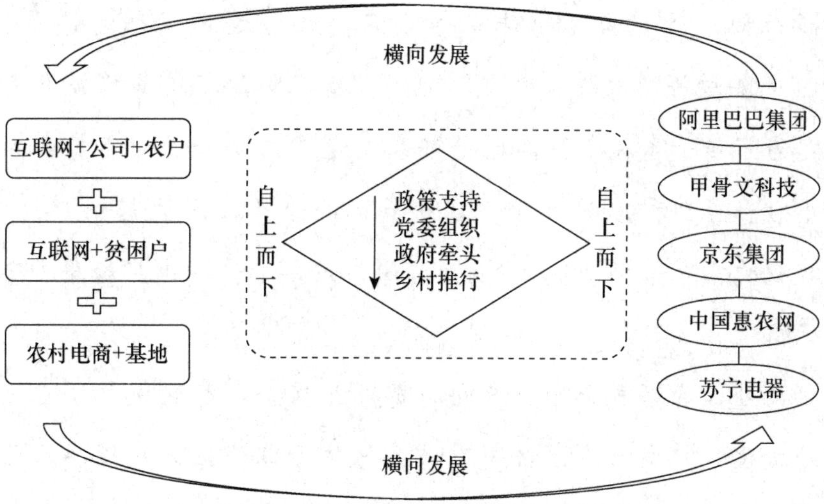

图 5－4　永州市农村电商发展模式示意图

二、典型案例

典型展播 >>>

零陵易购电子商务平台：助农产品漂洋过海

唐辉龙于 2008 年成立永州市零陵易购商务有限公司，初始投资 200 万元，该公司是一家线上线下销售永州农产品的电商企业，致力于以电子商务平台推广和销售永州本土农产品，助力永州市特色产品走出永州。

该公司目前共有250种产品，其中工艺品50种，主要经营产品包括农产品、食品、日用品等。现已开发出零陵区潇水河鱼、珠山血鸭、荷花鱼、珍珠椒等产品，且通过了绿色食品认证。2017年异蛇酒单品的销售额达到6 000万元，零陵易购被湖南省认定为省电子商务企业，也是首家发起成立联合支部委员会的电商平台。其租种农户土地3 000多亩，并雇用周边贫困户做工，以就业的方式带动当地20多户贫困户致富，平均每户每年可增收6万元。

此外，唐辉龙率领企业向旅游产业转型，注册成立了永州市楚越文化旅游发展有限公司。该公司位于零陵区大庆坪乡，已相继在黄家湾、赵家湾、唐付村、夫江仔四个村落策划当地原生态的传统节目，推动乡村旅游业发展，同时组织申报国家级传统村落，以支持永州乡村振兴战略。下一步计划流转土地建工厂，开展乡村旅游扶贫来带动更多的困难户脱贫致富。

点评：零陵易购是一个典型的依托农村电商发展平台带动贫困户创业就业、脱贫致富的案例。其带头人唐辉龙是新型农业经营主体的带头人，也是新型职业农民的代表。零陵易购现已发展较为成熟，未来将会走上一条综合化的发展道路，成为具有燎原之势的“火种”。

典型展播 >>>

翼美宫灯厂电商：帮助贫困户在家门口就业

翼美工艺礼品宫灯厂是一家专营纸雕艺术品的公司，位于永州东安县芦洪市镇芦洪村。法人代表易少玲以前在广东从事设计行业，2013 年回乡创业，从事纸雕宫灯的设计和生产。企业发展至今，已拥有自己独立的生产线和自己的商标——“翼美宫灯”，并在淘宝、京东开设网店。2017 年，易少玲参加培训中心电商班学习开阔了视野，拓展了经营思路。目前，公司产品主要销往华为、中国银行等大型企业，一年的营业额超过 100 万元。

周边青壮年常年在外务工，村内老人孩子以及妇女居多，翼美工艺礼品宫灯厂需要大量组装人工，恰好为村内剩余劳动力提供了就业机会。公司实行计件工资制，村民可以在家工作，他们将拼装好的宫灯交给公司，公司当天结算工资。贫困户在冬天农闲季节做工 2 个多月，可增收 6 000 多元。

点评：翼美宫灯厂是女性创业成功的典型案例，其发展思路值得借鉴。利用自身特长与优势，整合当地资源，找准市场定位，为村内剩余劳动力提供就业机会，使贫困户在家门口实现就业，既获得了良好的经济效益，也获得了良好的社会效益。

典型展播 >>>

杨中科农村淘宝平台：“藏在深山有人知”不是梦

永州市冷水滩区农民杨中科天生善于经营，2015 年，他放弃深圳 9 000 多元月收入的白领不做，返乡创业做电商平台，卖红薯粉年营业额达 300 万元。

杨中科作为农村淘宝合伙人，成立电商平台不需要交押金或者保证金，而且阿里巴巴集团会为其提供“标配”设施，包括电脑、电视、广告牌等。杨中科先从农户家中收购优质红薯粉，然后交给其他厂家进行简单的包装和打包，通过线上交易，以物流的方式送到客户手中。此外，他还帮助农户在淘宝平台上订购饲料或者肥料等，农户可得到比较优惠的价格，已有 100 多个农户从中受益。

点评：杨中科是典型的能人返乡案例，看准农村电商发展的这片蓝海。红薯粉是当地的特色农产品之一，但是因为销路不畅，所以一直“藏在深山无人知”，杨中科采用统一收购、统一加工、统一包装的方式，将本来廉价的红薯粉通过网络平台销售，价格接近成本的三倍，不仅本人受益，带动贫困户脱贫的效果也很显著。

典型展播 >>>

野也味电子商务平台：公益扶贫乐此不疲

蒋丽萍，女，中共党员，于2015年成立湖南野也味食品有限公司——一家专业经营本地农副特产的电子商务企业，致力于在双牌县打造“一县一特，一村一品”。公司主营产品包括湘园剁椒系列以及生态茶叶、原生态农副产品等，主打产品为剁椒河鱼和虎爪姜，并获得绿色产品认证。

自2016年起，公司将线下销售转为线上销售，目前线上销售占60%，预计2019年之前线上销售将达到80%。公司还与全国主要知名电商平台均建立了稳定的合作关系，并正在建设野也味B2C电子商务商城。目前，公司每年营业额为1 000万元。公司微商平台分为两个板块——“双牌特产”和“团购”，其中“双牌特产”主要针对个人消费者，“团购”主要针对企业消费者。公司同时还向其他平台推荐产品，扩展销路。为保证回收的农户产品质量统一，由农委提供技术支持，对种养大户进行培训，每年还选派农户参加培训中心培训，促进种养殖效率提升，为公司带来了更多高质量农产品。

公司设立党支部，党建活动丰富，主要包括慰问贫困户、残疾人、敬老院老人等公益活动，并采用1名党员对1～5名贫困户的结对帮扶模式，扶贫效果显著。目前，公司已帮扶贫困户481户，按照保底价（根据市场价而定）回收农户产品，为农户提供销售渠道，还通过帮助贫困户开设线上扶贫小店、招募帮工等形式，扩展农户产品销路、提高贫困户收入，从而帮其实现脱贫。

点评：野也味电子商务致力于“电商公益扶贫＋县域特色产业”的经营发展模式。严把质量关，不断进行产品、技术以及销售方式的升级创新，打造湖南省的特色品牌。该企业的运营模式是“党建＋产业技术扶贫”的典型代表，董事长蒋丽萍作为一名党员，从自身做起，将国家政策中的新型职业农民概念、党建内涵落实到公司发展的实际行动中，成为新型职业农民的代表、脱贫“火种”。

第六节　旅游扶贫模式

旅游扶贫（Pro-Poor Tourism，PPT）一词由英国国际发展资助局于1999年首次提出，意为消除贫困的可持续旅游。旅游扶贫具有“造血”功效，这一模式通过财政资金投入，整治村庄环境，开发景区景点，开辟乡村旅游业，发展农家乐，带动贫困户融入旅游产业链，实现脱贫致富。贫困地区发展生态旅游的过程也是当地文化资源和自然资源得到外部肯定的一个过程，因此，生态旅游在为贫困地区带来经济效益的同时还能有效增强当地居民的自豪感及其对当地文化的认同感。

一、永州市旅游扶贫概况

永州市旅游资源丰富，山水秀丽，人文荟萃，发展全域旅游具有得天独厚的条件，且大量优质旅游资源分布在贫困地区。近年来，永州市坚持把发展全域旅游作为脱贫攻坚的重要抓手，依托贫困村丰富的生态资源、特色文化资源等，促进乡村旅游与精准扶贫融合发展。2017 年，投入旅游产业扶贫发展资金 25.1 亿元，帮扶 60 个适宜发展旅游的贫困村实施产业精准扶贫，辐射带动就业 3.07 万人，促进贫困人口年人均增收 1 940 元。目前，全市有 116 个贫困村列入全国乡村旅游扶贫重点村，一大批贫困人口在家门口吃上了“旅游饭”、赚上了“旅游钱”。

据统计，2016 年永州市实施乡村旅游扶贫年度总收入 1.85 亿元，带动就业 4 218 人（见表 5 - 2）。双牌县阳明山村等 5 个旅游扶贫重点村依托花海和自然景观资源，旅游收入达 12 135 万元，带动就业 1 926 人，成为永州市旅游收入最高、带动就业效果最好的县区；宁远县着重打造自然风光，被评为“旅游扶贫示范县”，九嶷山瑶族乡新塘村、盘口洞村等 5 个贫困村依靠三分石景区、仙子山景区促进增收 100 万元，带动就业 305 人，湾井镇下灌社区以下灌八景为旅游资源，促进增收 3 000 万元，带动就业 219 人；江永县以古建筑和民俗文化为旅游资源，2016 年旅游收入 154.8 万元，带动就业 300 人，其中，勾蓝瑶村依靠勾蓝瑶寨、古建筑和民俗文化带动就业200人，促进增收100万元，勾蓝瑶寨被列入全国“景区带村”“公司＋农户”旅游扶贫示范项目。2016年，接待游客达30万余人次；金洞管理区依托生态优势，走绿色崛起之路，水上漂流、森林公园、垂钓观光园、少数民族古村落等旅游资源将金洞管理区打造成了特色旅游强区；新田县目前有10个旅游扶贫重点村开展乡村旅游，主要以森林公园和文化旅游为主，但由于大多数村子没有设置旅游运营机构，缺乏相应的旅游规划，旅游产业受益和就业带动情况不太明显。从永州市乡村旅游产业扶贫的成效来看，永州市旅游资源以山水景观和人文古迹为主。

表5－2　　2016年永州市各县（区）旅游扶贫成效

县（区）	旅游总收入（万元）	旅游从业人员数（人）	贫困村（个）
冷水滩区	142	170	5
零陵区	1 100	370	2
祁阳县	60	20	2
东安县	17.5	19	3
双牌县	12 135	1 926	5
宁远县	3 100	524	10
江永县	154.8	300	10
江华瑶族自治县	117.44	195	20
道县	466	380	5
新田县	16.5	19	10
蓝山县	960	96	3
金洞管理区	228	143	6
回龙圩管理区	11	56	1
合计	18 508.24	4 218	82

二、典型案例

典型展播 >>>

金洞漂流公司：深山漂出“金沙滩”

金洞管理区是全国四大科技兴林示范单位、中国楠木之乡，还是革命老区，被誉为美丽湘南“后花园”。在旅游开发中，金洞管理区突出“以人为本、让利于民”的原则，坚持红色、古色、绿色的旅游特色，大力发展全年、全民、全域旅游，已初步形成“春赏花、夏亲水、秋览胜、冬养生”特色，形成彰显“生态、长寿、健康”主题的“一线三点多日游”格局，年平均接待游客10万余人次、旅游综合收入超过6 000万元，快速带动了第三产业繁荣，开创出金洞经济社会发展的崭新局面。

在扶贫方面，金洞管理区依托水上漂流、森林公园和古村落等旅游资源，促进乡村旅游与精准扶贫融合发展，委托帮扶400个贫困人口，年均增收1 000元/人；解决贫困人口就业408人，年均增收5 000元/人；带动周边贫困村一二三产业发展，解决2 000个贫困人口稳定增收，年均增收1 500元/人，农民致富梦在旅游扶贫进程中逐步实现。扶贫主要采取两种模式：一是小额信贷股份分红。金洞漂流公司与贫困农户签订《扶贫小额信贷分贷统还合作协议》，利用小额信贷股权分红，在确保贫困户

“零风险，纯收益”的基础上，结对帮扶 1 000 个贫困人口，贫困户按人均 1 万元入股，公司每年按入股资金的 10％分红给贫困户，受益时限 30 个月，年人均增收 100 元以上，实现公司和贫困户共赢局面。二是就业安置。优先聘用贫困人口到各景区从事安保、舵手及勤杂等工作，解决了 500 贫困户富余劳动力的就业问题，务工者月工资均在 3 000 元左右，年劳务工资可达 1.5 万元/人。

截至目前，金洞漂流公司共联结带动贫困户 1 921 人次受益，其中通过小额信贷结对帮扶贫困人口 1 000 人，安置就业 400 人，产业辐射带动宝成生态农庄、全家福客栈等特色文化民宿、农家乐等服务行业 40 余家，创造就业创业 521 人次。

点评：金洞漂流公司是永州市“旅游＋扶贫”模式的发展典范。它的发展得益于金洞管理区的地势条件和环境条件。与传统意义上的旅游公司不同，金洞漂流公司的部分股份来自贫困人口的小额信贷入股，并确保贫困户“零风险，纯收益”。“产业基础＋企业＋贫困户”是对金洞漂流公司带动脱贫模式最简洁的概括。

典型展播 >>>

兰溪勾蓝瑶寨：“世外桃源”成全域旅游胜地

江永县地处湘西南，毗邻广西，人文景观丰富，文化底蕴厚重，共有国家3A景区4个，大小景区景点90余处。该县大力实施“旅游活县”，着力把丰富的资源优势转化为强劲的发展优势，以乡村旅游助推扶贫攻坚和全面小康。2015年650户贫困户2 300余贫困群众通过“旅游扶贫”摘掉了“贫困帽”。2016年，江永县根据62个未脱贫的贫困村实际情况，在21个贫困村中大力复制推广“勾蓝瑶寨旅游模式”，引领贫困群众在日益火热的乡村旅游业中吃上了“旅游饭”，奔向了小康路。

江永县兰溪瑶族乡勾蓝瑶寨山清水秀、民风淳朴、民俗丰富，是保存完好的瑶族祖居地，有“世外桃源”之美誉，2013年被国务院公布为“中国历史文化名村”。瑶寨至今保留明代、清代的民居300多栋，悠久的历史文化为勾蓝瑶寨发展乡村旅游提供了得天独厚的条件。

近年来，勾蓝瑶寨以旅游开发为突破口，大力实施“乡村旅游扶贫”。一是组建村级旅游公司。注册成立江永兰溪勾蓝瑶寨旅游开发有限公司，采取“政府引导、公司化运作、贫困户参与”的模式运行，公司以村支“两委”作为组织者和开发主体，贫困户以资源（古房屋、土地、人口数）入股，使松散的贫困户组成经济联合体，让农民变成股民。二是创新土地流转机制。贫困户将景区内责任田的土地经营权以分红加保底租金的方式流转给公司（村集体），获得的直接收益则按村民占70%、村集体占30%的比例分配。参与的贫困户将享受到“土地红利”。三是注重抱团共同发展。公司按照“统一生产、统一包装、统一销售、共建品牌”的发展模式成立了农业种植、项目建设、农家乐、村落整理、农产品加工、民俗文化表演等专业合作社，引导贫困户抱团发展。重点组建了村民俗文化表演队，成立勾蓝瑶龙狮队、瑶家女子拳表演队；开发了民俗游、亲子游、“洗泥宴”、篝火晚会等系列旅游产品。2015 年，该村接待游客突破 5 万人，旅游综合收入 180 万元，村集体增收 34 万元，全村人均纯收入比上年度增加 1 350 元，贫困户全部实现脱贫。

勾蓝瑶寨特色踏鼓舞表演吸引游客驻足观看

点评：勾蓝瑶寨以当地自然条件和文化民俗为旅游资源，在村支“两委”的引领和带动下，创新产业扶贫模式，改变了过去有资源而没有利用的状况。此案例凸显了村支“两委”充分发挥“领头雁”作用，是抓党建、促脱贫攻坚的典范。

小　结

产业技术扶贫是“五个一批”扶贫中最重要的扶贫举措，是实现“输血”扶贫转变为“造血”扶贫的重要途径。永州市在实践中不断摸索、总结经验，结合本地自然条件发展特色产业、优势产业，充分发挥龙头企业、专业合作社等新型农业经营主体联动机制的作用，形成了不同的产业技术扶贫模式，主要包括农业特色产业扶贫、资产收益扶贫、就业扶贫、生态农业扶贫、电商产业扶贫、旅游扶贫等。对应每一种扶贫模式，本章通过深入分析访谈案例，验证“培训中心”的学员在返乡创业、带动周围贫困户脱贫致富中发挥着重要的“火种效应”，为精准扶贫、乡村振兴提供了可学习、可复制、可推广的地方样本。

第六章

永州样本的主要成效及经验启示

永州市面对脱贫攻坚这场硬仗，坚持把就地培养更多的“爱农业、懂技术、善经营”的新型职业农民作为主攻方向，根据农业供给侧改革的需求和贫困户的内在需要，创新产业技术扶贫新路子，以“绣花功”鼓起农民“钱袋子”，实现了精准扶贫从“授人以鱼”到“授人以渔”、从“输血”到“造血”的华丽转身，产生了经济效益、环境保护、人才培养、社会影响等多重利好的叠加效应。农民思想观念和精神面貌得到改观，脱贫攻坚取得阶段性成果，新型农业经营主体不断壮大，新型职业农民队伍稳步发展，党的基层组织建设不断夯实，实现了经济发展与生态保护的双赢，朝着乡村振兴不断迈进。

第一节　“党建＋产业技术扶贫”培训的叠加效应

一、农民思想观念和精神面貌大为改观

思想是行动的先导。如何才能从思想根源上激发群众脱贫致富的内生动力、推动“三农”工作更好更快地发展，一直是永州市委、市政府思考和突破的首要问题。在调研中了解到，2017 年永州市启动“三走遍三签字”和“万名干部下基层，精准帮扶解难题”活动，努力摸实情、寻贫根、谋良策。从基层党员和群众普遍反映看，基层群众一些根深蒂固的思想观念亟待破解：有的贫困群众自力更生、艰苦创业意识不强，存在“哭穷要帽”“等靠要”“相互攀比”等思想，“靠着墙根晒太阳，等着别人送小康”；有的贫困户把脱贫当成是党委、政府的事、干部的事，缺乏脱贫致富的内在动力，“干部干，群众看”“干部着急，群众不急”。调研中发现，真正的贫困群众，大部分都是自身发展能力比较弱，没有技术、没有门路。单纯的送钱送物只能解一时之困，不能脱一世之贫，而凡是有一技之长的，脱贫就有基础、可持续。许多村党支部书记也反映，农村脱贫的关键是产业扶贫，产业扶贫的关键是技术支撑，而目前有限

的扶贫资金和项目往往分散使用，不能聚焦发力，精准扶贫达不到预期效果。通过一年多的“党建＋产业技术扶贫”培训，一批又一批的贫困群众学到了技术、转变了观念、实现了脱贫。调研中，许多学员反映，自从参加了“党建＋产业技术扶贫”培训，村里的种养经济有了很大的起色，村民不再攀比“戴穷帽”“念穷经”了。贫困村民得到实实在在的改变后，也一致评价道：免费技能培训是最大的政策红利，每个人都有机会学本领，最实惠也最公平。有的人还说，政府花小钱办大事，真正把好钢用在了刀刃上。一批批学员培训后开阔了视野，扩大了经营规模，转变了生产方式。更有很多学员带动了村民，如2017年第8期种植1班学员何流勤带领村民发展香柚种植200多亩，合作社社员40余户；2017年第11期养殖2班学员冯德友组织群众养殖蛋鸡12 000余只，带动10户村民发展规模蛋鸡养殖；2017年第6期学员郭小刚油茶种植面积由30亩扩大到500亩，带动5户村民种植油茶；2018年第7期学员罗桂梅从无产业基础到养殖200只九嶷山兔，带动村内妇女组团做产业；2017年第10期学员罗勇通过电商销售本地土鸡，带动4户农户合作养殖土鸡，实现每户增收4万多元。学员蒋楼喜种植的有机产品——永州皇菊，一时成为“网红”产品……永州市已培养出一批理论素质和实践能力兼备的高素质农村实用人才“火种”，渐成燎原之势点亮产业脱贫新天地。

二、脱贫攻坚取得阶段性成果

永州市地处湘江上游，崇山环抱，是传统的农业人口大市，在较短的时间内要使774个贫困村、69万贫困人口脱贫，实属一场攻坚硬仗。为此，永州市委始终把“党建＋产业技术扶贫”培训作为脱贫攻坚的重要抓手，将一批又一批有潜力、有基础、有干劲的农村党员和青年农民选派到培训中心参训，用这批“火种”点燃脱贫攻坚主战场，“能人带动、大户带动、产业带动”的“火种效应”越来越明显。截至2018年7月底，共举办培训班34期，培训16 600余名学员，其中，贫困农民7 572人。已培训学员中，新发展产业的7 834人，扩大产业规模的5 265人，增加就业岗位10万余个，带动周边群众17万余人脱贫致富，实现产业增收8亿余元。2017年，全市贫困村出列349个，减贫17.5万人，均超出计划24％，脱贫率10.2％，高于湖南省的7.07％，宁远、双牌、江永3个省级贫困县脱贫摘帽，全市贫困发生率由6.3％下降到3.3％，永州脱贫攻坚工作考核排全省一类市州第一名，形成了“培养一名学员，带动一个家庭；培训一名能人，带活一项产业；培养一名党员，带富一方山水”的“火种”效应，用最少的精力和最小的投入治愈了“贫病”，拔掉了“贫根”，牵住了扶贫攻坚的“牛鼻子”（见表6－1）。

表 6-1　永州市 2017 年脱贫攻坚阶段性成果

成果	数量
减贫人数	17.5 万人
贫困村脱贫出列	349 个
贫困发生率	3.3%
投放扶贫小额信贷	7.69 亿元
建成贫困村金融扶贫服务站	774 个
贫困人口新农合参保率	100%
易地扶贫搬迁建成住房	14 713 套、154.93 万平方米
安置建档立卡贫困户	14 936 户、56 541 人
特色产业扶贫项目受益者	679 个贫困村、53 万贫困户
全国乡村旅游扶贫重点村	116 个
贫困村建立电商运营站点	610 个

三、经济发展与生态保护实现双赢

永州市在开展“党建+产业技术扶贫”培训工作中，注重“绿水青山就是金山银山”的发展理念，推行经济发展与生态保护的双赢发展模式。永州市经济产量占全省经济总量的比重逐步提高，2017 年全市人均地区生产总值 31 585 元，同比增长 7.9%，全市完成进出口总额 13.57 亿美元、增长 48.1%，高出全省平均水平 10.8 个百分点，居全省第 5 位；财政总收入 169.23 亿元、增长 12.9%，高出全省平均水平 5.5 个百分点，居全省第 4 位；全市城镇居民可支配收入 26 190 元，农村居民可支配收入 12 738 元，均增长 9.0%，分别居全省第 3 位、第 6 位，收入增速超过经济增速（见表 6-2、图 6-1）。

表 6-2　　2016 年永州市与湖南省主要指标比较

指标	永州市	湖南省
人口密度（人/平方千米）	244	324
人均耕地（亩/人）	0.99	0.83
人均 GDP（元）	31 585	50 563
城镇化率（%）	48.3	54.62
三产比例（%）	19.3∶34.9∶45.8	10.7∶40.9∶48.4
农村居民人均可支配收入（元）	12 738	12 936

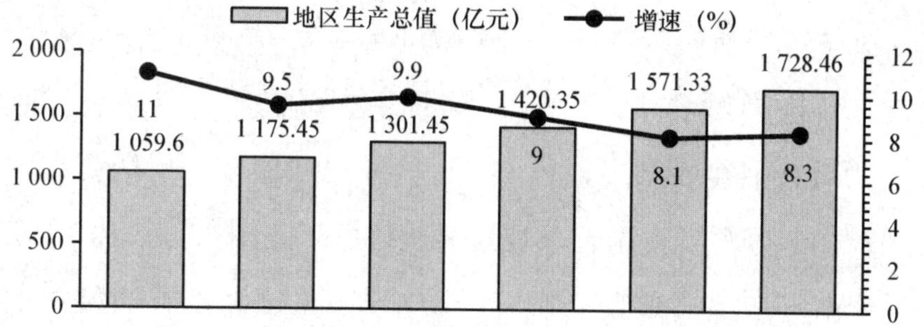

图 6-1　2012—2017 年永州市地区生产总值及增长情况

三次产业结构逐步优化。农村一二三产业结构从 2012 年的 23.0∶38.8∶38.2 升级为 19.3∶34.9∶45.8。一二产业比重降低，一二三产业对全市经济增长的贡献率分别为 9.4%、28.1%、62.5%，分别拉动全市 GDP 增长 0.78%、2.33%、5.19%（见图 6-2）。

永州是湖南重要的粮食、烤烟、水果、油茶、木材、中药材、蔬菜生产基地，总产量 318 万吨，居全省第四；柑橘产量 56.88 万吨，居全省第四，形成了道县、宁远县鲜食脐橙优势产业带和冷水滩区、零陵区、东安县、祁阳县宽皮柑橘加工原料生产片区

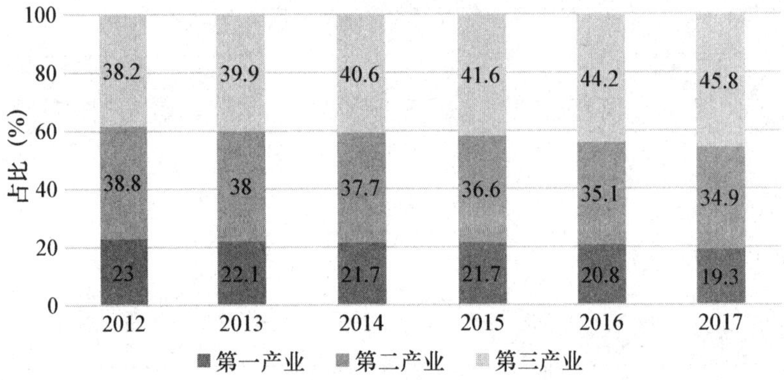

图 6-2　2012—2017 年永州市一二三产业结构比

及江永县柚类鲜食生产基地；烤烟种植面积 29.72 万亩，产量 4.30 万吨，居全省第二；全市完成林业总产值 65.54 亿元、增长 10.0%；全市新增 4 家省级现代林业特色产业园，总数达 13 家。

湖南省是全国油茶主产区，而永州市又是湖南省油茶的主产区，有 2 000 多年的油茶栽培历史，2006 年被国家林业局授予“全国油茶产业发展示范市”。油茶主要生长在长江以南的广大丘陵地区，永州市 14.5%的面积是丘陵地区，油茶籽是永州市产量最高的林产品，2016 年全市油茶籽产量 112 901 吨。

2016 年烟叶产量 43 084 吨，占全省的 18.6%；水果产量 1 567 480 吨，占全省 15.0%；粮食产量 3 167 096 吨，占全省的 10.7%；油料产量 166 648 吨，占全省的 6.9%；生猪出栏量 837.69 万头，占全省的 21.3%；水产品 20.71 万吨，占全省的 7.6%（见图 6-3、图 6-4）。

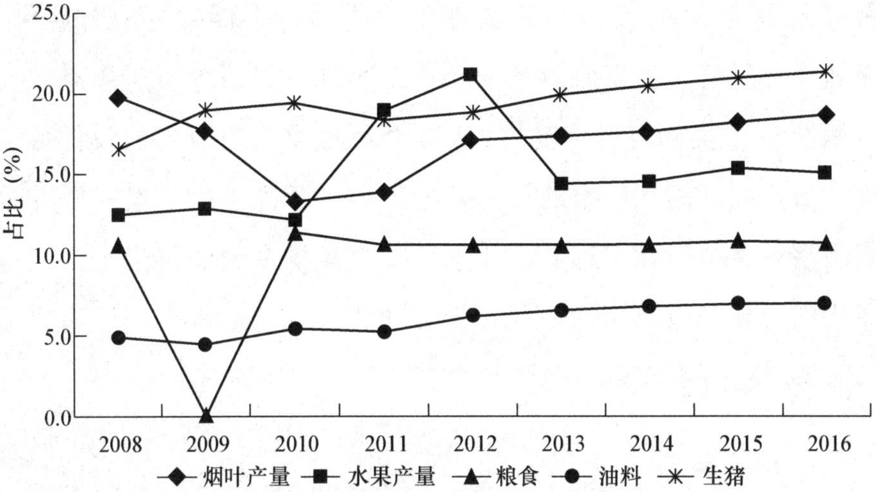

图 6-3　2008—2016 年永州市主要农产品产量占湖南省的比例

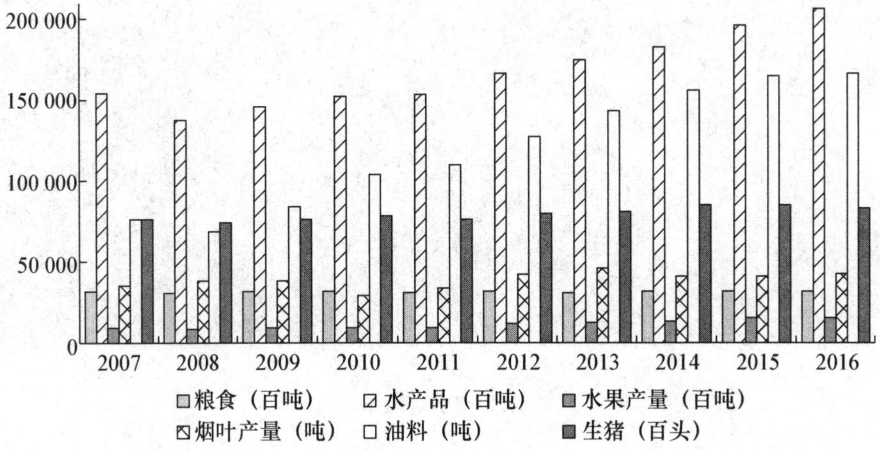

图 6-4　2007—2016 年永州市主要农产品产量

永州市生态环境优良，全市拥有 9 个国家级森林公园、6 个省级森林公园、4 个国家级自然保护区、2 个省级自然保护区、8 个国家级湿地试点公园，林地面积占全市土地面积的 68.9%，森林覆盖率达 64.76%。以生态建设为主线，发展生态农林经济、工业循环经济、生态旅游产业经济，实现了经济效益与生态效益双赢。64 个美丽乡村示范村、512 个环境整治重点村建设任务全面完成，向湖南省申报的祁阳县八尺村、双牌县桐子坳村等 6 个省级授牌示范村和宁远县、江永县 2 个美丽乡村建设先进县通过省里的考核验收。

永州市区鸟瞰图

参加“党建＋产业技术扶贫”培训的学员，纷纷利用本地自然生态资源优势，坚持绿色发展理念，既要“金山银山”也要“绿水青山”，实现绿色发展、和谐发展，在美丽乡村、乡村振兴战略实施中主动作为、示范带动。比如，各地学员依托当地自然资源，大力发展乡村旅游业，实现经济发展与生态保护双赢发展。宁远县“十里画廊”和零陵区“何仙故里”两条乡村旅游精品线路已成雏形。“农业+旅游”“农业+康养”“现代农业+互联网”等模式快速发展，休闲农业企业发展到681家，创建星级农庄52家，江华瑶族自治县香草源、宁远县桃花岩、回龙圩管理区回龙湖、零陵区富家桥异蛇村等已成为全市旅游的新亮点，永州市被评为“全国森林旅游示范市”，江永县埔尾村、祁阳县八尺村获批“中国美丽休闲乡村”称号，江永县浦美村被评为全国最美丽“特色民俗村”。2016年永州市实施乡村旅游扶贫年度总收入18 508.24万元，带动就业4 218人次，带动82个贫困村。全市有116个贫困村被列入全国乡村旅游扶贫重点村，旅游扶贫效果显著。

永州市美丽乡村一景

四、新型农业经营主体不断壮大

为不断提高农业产业化和组织化程度，永州市依托“党建＋产业技术扶贫”培训大力培育发展新型农业经营主体，创新农业经营体制，加快构建新型农业经营体系，着力培育多元化的农业经营主体。在农业经营主体上向专业化新型农业经营主体进行科学转型，积极探索适合本地实际的发展模式，推动农业高效快速健康发展，着重在投资主体和发展方式两个方面谋求新突破。积极鼓励农业龙头企业、专业大户、科技人员、返乡创业农民等各类主体，牵头创办、领办家庭农场、合作社、农业园区，涌现出一大批新型投资主体。在发展模式上，通过政府主导助推发展、能人带动加速发展、专业合作社引领发展、企业基地联动发展、老板返农加快发展、种养大户加大投入发展等多种模式，形成了农业龙头企业、专业合作社、种养大户、家庭农场等新型农业经营主体。龙头企业包括国家级、省级、市级等龙头企业；专业合作社涉及种植、养殖、加工及供销服务等众多领域，包括国家级示范社、省级示范社、市级示范社、县级示范社等；家庭农场以种植型和养殖型为主。截至2017年，发展国家级龙头企业3家、省级龙头企业43家、市级龙头企业236家，规模以上企业344家，农产品加工企业总数4 538家，上缴税金8.2亿元，利润总额达34.4亿元。培育新型农业经营主体成为永州市实现脱贫摘帽的重要途径，也成为新型职业农民培育的重要载体，在实现农业现代化的过程中发挥着积极的作用。

五、新型职业农民队伍稳步发展

新型职业农民是农村家庭经营的基石、合作组织的骨干、社会化服务组织的中坚力量。根据习近平总书记提出的培育“爱农业、懂技术、善经营”的新型职业农民的要求，永州市自2017年起，将“党建＋产业技术扶贫”培训对象聚焦农村党员和青年农民，力争在4年内（2017—2020年）完成培育5万名新型职业农民的目标，截至2018年7月，培训中心已累计培育16 600余名新型职业农民的后备人才。未来永州市新型职业农民的队伍将不断扩大并稳步发展，除继续通过培训中心培训农村党员和青年农民以外，拟将永州工贸学校的在校生、当地广播电视大学的农民大学生纳入新型职业农民培育体系，学习和掌握种植、养殖、电商等实用农业技术，以每年8 000人的规模为新型职业农民队伍注入新鲜血液。现有规模以上农业企业的带头人、种养大户带头人、农民专业合作社带头人、家庭农场的带头人等，也将作为未来新型职业农民队伍的“活水源头”，为脱贫攻坚、乡村振兴提供坚强的人才支撑。

六、党的基层组织建设不断夯实

永州市在开展“党建＋产业技术扶贫”培训时，既注重传授种植、养殖、电商等实用技术，把参训农民培养成“手艺人”，又注重党建引领，上党课、讲党话、跟党走，以班次为单位设立临时党支部，过好党内政治生活，开设“十九大精神宣讲”“农村政策解读”“基层党建实务”等公共课程，每期培训班第一节课安排党务知识讲座，用党的创新理论武装新一代青年农民头脑，着力把优秀青年农民培养成党员、把优秀党员培养成村干部、把优秀村干部培养成村党组织书记，使培训中心成为农村基层干部队伍培育的“摇篮”。这些精心培育的“领头雁”，迅速成为农民脱贫致富的主心骨、带头人，“雁阵效应”不断显现。在2017年的村（社区）“两委”换届中，参加培训的农村党员和青年农民，有345名经过换届选举新进入村（社区）“两委”班子，67名成为新一届村（社区）党组织书记。比如，道县营江街道办事处上汶村蒋楼喜以农村党员身份参加培训后，不仅成功探索了菊花茶、玫瑰花茶、牡丹花茶的栽培技术，还将栽培技术无偿传授给贫困户，带动周边6户贫困户一起种植，每户每年可创收5万元，蒋楼喜在村支“两委”换届中，成功当选该村支部委员。

七、乡村振兴战略开局良好

产业振兴是乡村振兴的重要经济基础，通过农业产业化和农村一二三产业融合发展，实现农村产业兴旺。永州市把乡村振兴作为“党建＋产业技术扶贫”培训的奋斗目标，注重以发展现代农业为基础，以培育新型职业农民为依托，加快培育产业振兴的新农村。围绕“打造粤港澳大湾区优质农副产品供应基地”目标，重点发展果蔬、油茶、茶叶、生猪等主导优势产业，目标是到2020年建成100万亩高标准优质绿色的柑橘基地、100万亩高标准优质高产的油茶基地和20万亩生态有机茶叶基地，发展500万头生猪的绿色生态养殖基地。同时，大力实施以“一县一片、十片连线、百村先行、千里画廊、万家美丽”为主要内容的“一十百千万”乡村振兴工程。“一”即“一县一片”，每个县（区）重点打造1个特色产业片区；“十”即“十片连线”，全市每个县（区）以1个乡镇为重点打造10个片；“百”即“百村先行”，在10个片内选择100个以上村率先推进乡村振兴；“千”即“千里画廊”，永州市10个片沿水、沿路、靠景连起来，从南到北，打造千里画廊；“万”即实现“万家美丽”，在10个片内改造100 000户以上农房，实现万家美丽。以试点为突破口，以点带面，推进乡村全面振兴，“党建＋产业技术扶贫”助力乡村振兴的永州路径如图6－5所示。

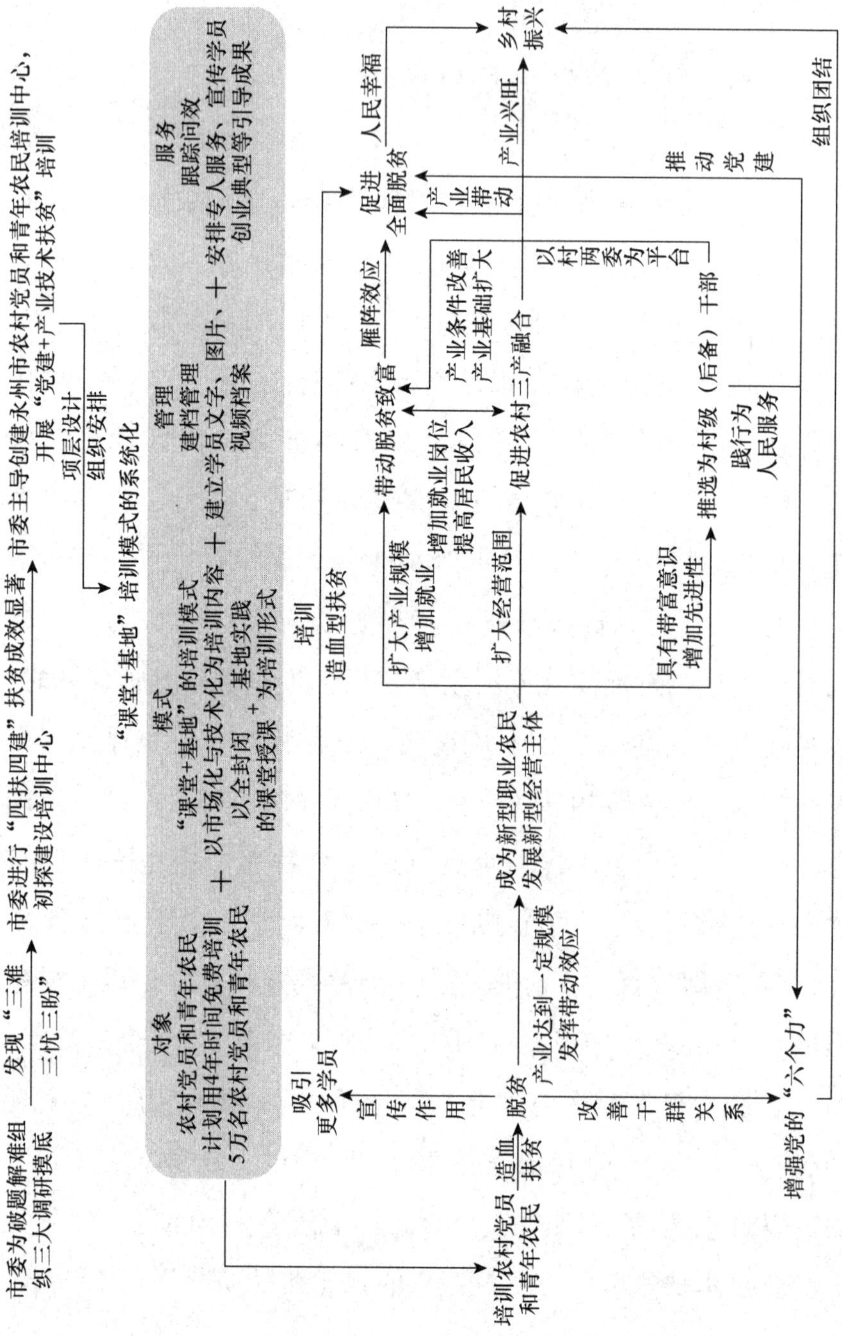

图6-5　永州市“党建+产业技术扶贫”助力乡村振兴路径

第二节　经验启示

永州市“党建＋产业技术扶贫”培训模式，注重从源头“把脉会诊”，既实现了快速脱贫，又有效防止了返贫，探索了一种可学习、可复制、可推广的成功模式，对各地培育新型职业农民、推进乡村振兴战略很有借鉴意义。

一、坚持高位推动 强化统筹管理

一项工作有没有成效，很大程度上取决于由谁抓、怎么抓。以往针对农民的教育培训，大多由各个部门、各个层级分块分层组织，培训时间较短，浅尝辄止、蜻蜓点水，培训内容则五花八门，缺乏系统设计。永州市在谋划之初，就坚持高位推动，由市委牵头进行顶层设计，整合涉农部门、财政、党校、扶贫、组织等职能部门资源，以永州工贸学校为依托，创建培训中心、农业部管理干部学院实践教研基地，实行统一调配培训资源、统一安排参训学员、统一设计培训内容、统一进行培训管理。实践证明，这种由市委直接统筹谋划、一竿子到底的农村党员和青年农民培训模式，更便于整合优势资源、集中有限财力、补齐发展短板，发挥培训的整体效应。

二、突出党建引领 夯实执政基础

农业副业化、农民老龄化、农村空心化是当前农村存在的突出问题，农村党员老龄化和农村干部青黄不接的现象也日益凸显。永州市坚持站在巩固党在农村的执政基础的高度设计、实施和评价培训，把坚持党的领导、强化党的意识、加强党的建设贯穿到培训全过程，既用技能培训来增强贫困农民的“造血”功能，又上党课、讲党话，以班次为单位设立临时党支部，过好党内政治生活，用党的创新理论武装新一代青年农民的头脑，全面提升农村党员、青年农民的综合素质，包括思想政治素质、科技文化素质、道德素质、法治素质等方方面面。在培训内容设计上，开设“农村政策解读”“基层党建实务”“农村治理”“村级集体经济发展”等公共课程，把扶贫、扶志、扶智结合起来，提高学员致富带富能力和农村综合治理能力，努力把优秀青年农民培养成党员、优秀党员培养成村（社区）干部、优秀村（社区）干部培养成村（社区）党组织书记，拓宽村干部队伍建设的活水源头。通过培训，一批又一批的学员不但学到了技术、增加了收入，还在带领群众共同致富的过程中，提高了威信、赢得了信任，成为群众的“领路人”“主心骨”，这是党建引领在基层的一种生动实践。

三、突出精准理念 务求实用实效

农村党员和青年农民的文化程度、接受心理、语言风格、实际需求和机关党员干部不一样，必须着眼实用、实效改革创新。永州市在课程设置上，坚持按需培训，“缺什么补什么，用什么教什么”，培训内容以农村创新创业为导向，侧重实用技术教学培训，辅以政策解读。在师资配备上，坚持“土洋结合”，请专家讲专业，以永州工贸学校专业课教师为主、本地高校科研院所农学专家为辅，同时把大型农业生产基地的行家里手聘请为客座教授，还将全国知名农学专家纳入“专家库”。在教学方式上，突出现场教学，从全市范围内的脱贫攻坚示范点、种养基地、新农村建设示范点等精选 53 个单位作为“实践教学基地”，把培训课堂设在“田间地头”，“手把手地教，面对面地学”。在培训管理上，坚持严格规范，为每名学员建立文字和图片档案，将学员的基本情况、培训情况、创业情况全程记录存档，引导学员树立勤学、常学、终身学的理念，做到边生产、边学习、边提升，并加强跟踪问效，通过大数据分析，不断改进培训方式，优化培训内容。这种培训理念和方式的转变，很对农民的“味口”，农民学得进、听得懂、用得上，产生了“事半功倍”的良好效果。

四、抓住重点人群 培育脱贫火种

大量事实表明，一般化的帮扶是不可持续的，不加区分地搞平均主义是不科学的。永州市把农村党组织书记、有一定发展基础的种养大户作为培训的重点对象，用这批“火种”点燃脱贫攻坚主战场，形成了“培养一名学员，带动一个家庭；培养一名能人，带活一项产业；培养一名党员，带富一方山水”的“火种效应”，牵住了扶贫攻坚的“牛鼻子”。永州市以“党建＋产业技术扶贫”培训为抓手，把培训中心打造成了党在基层战斗堡垒中的“新兵营”和“兵工厂”，一大批学员率先被培养成了“爱农业、懂技术、善经营”的新型职业农民，在引领乡风文明、决战脱贫攻坚、推动乡村振兴中主动担当作为，充分彰显了新型职业农民的时代风采。

实践证明，永州市以培训促就业创业、以就业创业促脱贫的路子走对了，用最少的精力和最小的投入治愈了“贫病”，拔掉了“贫根”，让贫困户得到了实实在在的好处。希望“永州样本”走出三湘大地，在新的阵地有更精彩的奉献，让乡村振兴早日开花结果，全面实现农业强、农村美、农民富的奋斗目标。

小　结

永州市以脱贫攻坚为重点工作，以农村党员和青年农民培训为抓手，培育星星“火种”，一大批新型职业农民正在孕育形成。按照“绿水青山就是金山银山”的理念，打好贫困地区生态绿色牌，大力发展绿色产业，一大批农业示范基地、示范园区、美丽乡村示范村已经形成。以种植业和养殖业为主导的第一产业，以农产品加工为主的第二产业，以电子商务、旅游业为主的第三产业，构建农村一二三产业融合发展体系，形成了永州市“党建+产业技术扶贫”助力乡村振兴的开创性实践，开辟了一条扶贫的新路径，值得在全国推广和借鉴。

第七章
社会反响与评价

永州市委坚持高位推动，以培训中心为载体，大规模免费开展“党建＋产业技术扶贫”培训，为农村党员和青年农民提供市场化与技术化的培训资源，实现了“课堂式、现场式、跟踪式”培训的系统化，以培训促就业创业、以就业创业促脱贫，探索“造血型”产业技术扶贫模式，为乡村振兴战略的深入推进、培育新型职业农民、实现精准脱贫、优化产业结构、夯实基层组织建设提供有效助力。永州市用3年的时间，成功将全市69万余贫困人口减少到约21万，在脱贫攻坚这场硬仗中取得了良好的成效。永州市“党建＋产业技术扶贫”模式，不仅得到上级部门和领导的充分肯定，吸引诸多中央、省级主流媒体前来采访、宣传推介，而且得到广大农民群众的欢迎和好评，产生了良好的社会效应。全国产业精准扶贫现场观摩会、全国“互联网＋”社会扶贫工作现场推进会、全省产业技术扶贫现场推进会、全省抓党建促脱贫攻坚工作经验交流会先后在永州市召开。《人民日报》《党建研究》《中国组织人事报》《新华网》《中国教育报》《湖南日报》等中央、省级主流媒体对永州市予以深度报道推介，产生了较大影响。

第一节　参训学员的反响

一、“永组在线”微信平台留言

“永组在线”微信平台是永州市宣传推介全市党的建设和组织工作的重要窗口。该平台刊发了系列反映农村党员和青年农民培训情况的报道，参训学员纷纷借此平台留言，谈真实感受、提意见建议。2018 年 1 月 5 日，“永组在线”微信平台刊发了培训中心 2018 年第 1 期“党建＋产业技术扶贫”培训班学员的感言，全市 14 个县区（管理区、经开区）547 名农村党员和青年农民纷纷留言谈体会、谈收获、谈打算，现摘录如下：

沙漠中的绿洲：“我是湖南省江永县返乡创业的青年，希望这样的学习培训机会一直持续下去，自己将学以致用，回到家乡后，更好地带动和帮助周边的种植户共同发展！”

Huangyu：“通过近期的培训学习，本人切身感受到了自身在知识和能力上的提高，在此感谢上级安排的此次学习活动，感谢每一位授课老师精彩的授课。此次培训学习，使自己的理论基础、道德水准、技术水平等方面有了比较明显的提高，进一步增强了学习培训的自觉性与坚定性。”

陈善文：“新年新气象！永州市农村党员和青年农民培训

中心在各级党委政府的正确领导和关心下，培育了一批又一批农村带头致富领路人，培训学员把学到的知识和技能带回自己的村里，带领贫困家庭创新创业，做到在心理上、意志上脱贫，真正实现自己的梦想！”

肖忠义：“我是培训中心2018年第1期学员，此次学习了各位老师讲授的知识，深受教育和启发。特别是听了邓教授讲授的果树生产新技术中的嫁接技术，知道了一棵果树上能同时结出不同品种的水果让我感到非常惊讶，也让我认识到知识的可贵与重要性。因此借这次机会，我会认真学好知识，回到家乡后，希望能够利用所学知识，合理整合土地资源，扩大种养殖规模，起到带头作用，带动村民发展产业致富。”

何良花：“我是培训中心2018年第1期种植2班的学员，作为一名小学都没有毕业的农村妇女，我感到很幸运，这次培训让我懂得了很多农业技术，开阔了视野，改变了格局，感谢杨老师和各位教授！”

天若有情：“我是培训中心2018年第1期养殖1班学员，通过几天的学习了解了中央对农村工作的重视程度，也感谢政府对广大农村党员和青年农民的重视，希望学好各门技术，做发家致富的领头人，努力加油！”

刘登桥：“组织安排来培训，我们肩负着技术学习者和技术传播员的重任。通过此次培训学习，增强了发展现代农业的能力和信心。回去以后，打算利用所学技术，扩大规模，优化管理，提高产量，带动全村村民发展致富。”

勇敢一点：“不忘初心，感谢党的关心和培养，我要把我村建设成美丽富饶的新农村。”

正刚：“首先衷心感谢党和政府给我们提供如此优良的学习环境，同时感谢各位专家教授和老师给我们传授各项优质技术，让我学到了很多知识。我作为一名社区居委会主任，回去后一定继续加强学习理论知识和实用技术，在种养方面提高自己的技术水平，学有所用，努力带领广大居民扩大种养规模，加大投入，使全社区居民走上幸福小康之路。”

黄林：“我很荣幸能代表农村基层群众参加 2018 年的第 1 期培训，通过这几天的学习，时间虽短，但内容丰富而实用，受益匪浅，感受深刻，今后的工作有了明朗的方向和奋斗目标。”

开心每一天：“这次到这里学习，首先感谢政府和老师给予机会，在学习现代种植技术的 10 天时间里，我基本掌握了现代种植技术，回去后打算利用所学技术，带着其他人一起发家致富。”

圆圆美美：“现在的我们又增加了更多的胆量和信心在农业这条路发展下去，带动周边的人发家致富。”

来者悠悠：“我是 2018 第 1 期种植 2 班学员，来自道县寿雁镇白石寨村 7 组。这次学习中我们不仅学习了新的农业技术，更重要的是开阔了眼界，提升了思想境界。这样的学习经历会让我们成长为懂技术、会经营、符合时代要求的新型职业农民。作为生在农村长在农村的新时代青年农民，我要根据中央对农村农业的要求和规划，结合本地实际情况，努力发展农村经济和农业产业，使本次学习到的技术和观念惠及更多的父老乡亲，为两个一百年目标、为社会主义事业贡献自己的一分力量。”

唐代凤：“我来到永州工贸学校学习，很深刻地体会到，党和政府对农民的帮助使贫穷农民可以随着社会的进步而富强！只有好好学习知识，才有奋斗力！感谢党和政府，谢谢！”。

从微信平台上这些朴素的留言中可以看出，学员对参加培训中心的学习心怀感激、充满期待、信心满满。他们沉下心来认真学习，把学到的技术用于今后的发展，既带头致富，又带动乡亲们共同致富，这激发了农民勤劳致富的内生动力，播下了种子、点燃了希望。

二、访谈人员反响

课题组于2018年4月至8月，先后多次深入到永州市各个县（区）进行实地调研，对部分培训学员进行现场访谈，了解学员参训后的培训成果转化和产业发展情况，在对学员的访谈中，学员对永州市“党建+产业技术扶贫”培训充满感激。

2017年第1期养殖班学员、“泥鳅大王”许立红说：“我衷心感谢组织部，感谢培训中心，给了我这么好的机会去培训班学习，让我学到泥鳅养殖的实用技术。我能有今天的幸福生活，全靠他们！”

2017年第1期种植班学员、时胜中药材种植专业合作社周时胜说：“在培训中心学习了很实用的种植技术，讲课的专家还给我们讲了许多新的种植品种，都是我之前没听过的，学习回来以后我就开始发展中药材、红心猕猴桃和脆红李、石榴等品种。”

2017年第1期养殖班学员、东安县富康养鸡农民专业合作社唐孟军说：“学到的知识主要是关于养殖方面的一些技术。养鸡这块注重一些，包括防疫和管理这一块，学了不少东西，很有收获，对我发展养殖有很大的帮助。”

2017年第7期电商培训班学员、永州市喜儿登种养专业合作社负责人蒋楼喜说：“我认为培训中心这个平台非常有价值，培训最大的收获不仅是学习了种植业和电商相关技术，更重要的是为我们讲解的中央政策，特别是美丽乡村建设方面的情况，我从培训中得到灵感，想到将自己的种菊产业建设成田园综合体。如果没有参加培训，我可能不会有这种想法。”

2017年第7期电商培训班学员、翼美工艺礼品有限公司易少玲说：“我参加的是电商班，除了学习电商知识，我觉得这次培训对于我们开阔视野、更新思想观念也有很多帮助。”

2017 年第 8 期养殖班学员、集约化水产养殖基地带头人陈辉说：“培训中心的课程很全面，他教你怎么养殖、怎么发家致富、怎么去经营农庄之类的，平常还会组织我们去实地考察学习，非常接地气！”

2017 年第 8 期种植班学员、江永合胜种植专业合作社何流勤说：“我在培训中心跟专家主要学了种植技术，还学了电商的一些知识，收获很多，回来以后我就立刻成立了自己的合作社，搞种植和电商结合。”

2017 年第 11 期养殖班学员冯德友说：“我是在村委的推荐下参加培训的，学到了很多的养鸡技术。培训结束后，为响应政府相应的扶持政策，我们扩大了养殖规模。作为一名村干部，我更有信心带领村民种养结合，发展致富，共同奔小康！”

2018 年第 7 期养殖班学员罗桂梅说：“我和丈夫都参加了培训，我参加的是养殖培训班，他参加的是电商培训班。参加培训特别有收获，认识了很多养殖方面的专家教授，很多关于养殖的问题我就直接向他们请教，去之前还因为时间太久有些犹豫，培训完之后觉得确实没白去！”

调研过程中，许多被访谈人员表示，没想到市委、市政府对农村党员和青年农民培训这么重视，市委书记亲自给学员上课，授课专家很多来自省里，实践教学过程都是“手把手地教”，许多农民群众从当初的“不想去”“去玩玩”变成了“争着去”“去了还想去”。同时，期盼市委、市政府把这一利民惠民的好政策、好做法坚持下去，就地培养更多新型职业农民，为乡村振兴战略实施提供人才支撑。祁阳县黎家坪镇十里坪村党支部委员刘波生参加了“党建＋产业技术扶贫”第16期学习，对永州市委推出的“党建＋产业技术扶贫”感触颇多，逢人便称赞：“培训能让人点石成金，如今当农民体面!”刘波生的这一肺腑之言真切表达了广大农民学员的心声，说明永州培养职业农民的路子深入人心。

第二节　社会媒体的评价

一、《党建研究参考资料》和《党建研究》刊文

（一）《党建研究参考资料》刊文

2017年11月1日，中共中央组织部《党建研究参考资料》以“因地制宜，着眼长远，开展脱贫攻坚”为题，通过专期专刊形式推介永州市“党建＋产业技术扶贫”探索经验。文中指出永州市委把提高党员带领群众脱贫致富的能力作为精准扶贫的重要举措，根据农业供给侧改革的需求，因地制宜，着眼长远。永州市委组织部对培训工作履行好牵头抓总、组织协调职责，细化工作责任，精心组织实施，坚持学用结合，提高针对性、实效性。永州市

通过坚持抓党建促脱贫攻坚，充分发挥了基层党组织和党员的带头作用，既立足当前，解决贫困农民脱贫致富面临的难题，又着眼解决农村后备人才缺乏的问题，通过开展农村党员和青年农民“党建＋产业技术扶贫”培训，提高了农村党员带领群众致富能力，在脱贫攻坚战中，取得了良好成效。

中组部党建研究所一编室副主任谭彦德（右二）考察培训中心实践教学基地

(二)《党建研究》刊发永州市委书记李晖署名文章

中共中央组织部《党建研究》2018 年第 2 期，刊发了永州市委书记、市人大常委会主任李晖的署名文章“以农民培训助力脱贫攻坚的探索与思考”，多角度、大篇幅地深度推介了永州市“党建＋产业技术扶贫”培训工作的经验与启示。文中指出永州市从源头“把脉会诊”，逐步探索出一条产业技术扶贫、新型职业农民培育新路子，产生了良好的经济和社会效应。村民不再争相“戴穷帽”“念穷经”，一致评价培训中心的免费技能培训是最大的政策红利，最实惠也最公平。

2018年3月15日 星期四

首页 | 党建研究简介 | 领导关怀

党建研究

刊名题字：陈云　中共中央组织部主管

党建研究杂志社全体同仁祝广大读者新年快乐

党建头条　深入学习贯彻习近平新时代中国特色社会主义思想　认真学习贯彻党的十九大精神　部长声音　党建研究　全国党建研究会

《党建研究》《党建研究内参》2018年征订启事　“学习宣传贯彻党的十九大精神”主题征文启事

党建研究网 >> 《党建研究》杂志 >> 2018年 >> 第2期

以农民培训助力脱贫攻坚的探索与思考

李　晖

党的十九大明确提出实施乡村振兴战略。中央农村工作会议强调，要汇聚全社会力量，强化乡村振兴人才支撑。湖南省永州市根据农业供给侧结构性改革的要求和贫困群众的内在需要，把就地培养新型职业农民作为精准扶贫的突破口，开展农村党员和青年农民“党建+产业技术扶贫”大规模专题培训，以培训促就业创业、以就业创业促脱贫，探索了一条从“授人以鱼”到“授人以渔”、从“输血”到“造血”的产业技术扶贫新路子，根治“贫根”效果明显。

一、问计脱贫攻坚

永州市是传统的农业人口大市，有2个国家级贫困县和3个省级贫困县。近年来，我们把脱贫攻坚作为头等大事和第一民生工程，贫困人口从68万余人减少到31万余人，但有的“虚脱病灶”还未根治，有的脱贫基础还不牢固，剩下的贫困人口则都是贫中之贫、困中之困。为找到脱贫攻坚的治本之策，2017年永州市启动“三走遍三签字”和“万名干部下基层，精准帮扶解难题”活动，努力摸实情、寻贫根、谋良策。

从基层党员和群众普遍反映看：第一，脱贫攻坚中最难的是拔“贫根”。有的干部把脱贫

重要文章

深入贯彻基本方略 奋力谱写中原新篇

“两个伟大革命论” 是党的重大理论创新

全面增强执政本领 努力在新时代“赶考”路…

不忘初心牢记使命 奋力开创新时代陆军建设…

从提升组织力看农村基层党建守正出新

党的十九大代表选举 · 银监会系统推选党的十…

不断提高组织工作质量和水平

坚持思想建党和制度治党紧密结合、同步推进

二、《人民日报》采访报道

（一）人民日报社、人民网等媒体记者采访

2017年9月16—17日，人民日报社湖南分社总编辑周立耘与人民网、《人民日报（海外版）》等媒体记者组成采访组，深入

培训中心，通过召开座谈会、实地采访等方式，实地调研永州市“党建+产业技术扶贫”工作。

人民日报社、人民网采访组（左三、左四）参加典型学员座谈会
探讨交流“党建+产业技术扶贫”培训经验

采访组一行在“培训中心”召开了永州市“党建+产业技术扶贫”典型采访座谈会，与相关单位负责人以及参训学员代表、实践教学基地代表等进行座谈。大家一致认为，“党建+产业技术扶贫”是一种变“输血”为“造血”，从源头上拔“穷根”、治“穷病”的好方法，对于培育新型职业农民、推进抓党建促脱贫攻坚、培育农村后备人才等方面都具有重要作用。座谈会上，周立耘总编辑等还就如何以实用技术培训为突破口更好地改进作风、服务群众，新型职业农民这一概念的内涵和外延是什么，如何就地培养更多的“爱农业、懂技术、善经营”的新型职业农民以及

“未来的农村是什么样子”“什么样的人才是未来农村的主人”等问题进行了深入座谈交流。同时，采访组一行先后来到培训中心的实践教学基地，对学员创业典型进行实地采访。在道县鑫森水产养殖专业合作社采访了海归养虾能手朱习洪无偿向学员和贫困户传授养虾技术的感人事迹，在道县营江街道上汶村了解了典型学员、党建能人蒋楼喜种植金丝皇菊、打造“云溪涧”茶叶品牌的带头富和带领群众共同富的创业历程，在道县蚣坝镇石马神村看到了贫困户、典型学员许立红通过养殖泥鳅脱贫致富的可喜变化……采访组一行通过面对面的交流访谈，对永州市“党建+产业技术扶贫”模式有了更深的了解，并予以了充分肯定，表示要把永州这一“真扶贫、扶真贫、不返贫”的创新模式总结好、推介好。

2017 年 9 月，人民日报社湖南分社总编辑周立耘（右一）一行来到道县“万亩蔬菜供港基地”进行考察，了解培训中心实践教学基地

（二）《人民日报》报道

《人民日报》在2018年1月12日第11版以“湖南永州3年减少贫困人口近37万　脱贫路上聚起雁阵效应”为题，对培训中心“党建＋产业技术扶贫”培训工作经验进行了大篇幅宣传推介，对朱习洪海虾淡养、许立红泥鳅养殖、蒋楼喜电商菊花茶、何华千亩花卉苗木基地4个“领头雁”案例进行深度剖析，系统介绍永州市以永州工贸学校为载体，用4年时间，对贫困地区的5万多名农村党员和青年农民进行系统培训，使之成长为脱贫致富的“领头雁”，并通过“领头雁”的示范作用，带领村民闯出一条致富新路的先进经验。文中指出：“在永州，这些精心培养的‘领头雁’回乡创业，已集聚起‘雁阵效应’，累计带动村民3万余人脱贫致富。一大批龙虾、甲鱼、藏香猪等特色养殖户蓬勃发展；反季节蔬菜、中药材厚朴等集中连片，呈现出一村一品、一乡一业的良好发展势头。”“从培训班里出来的‘领头雁’们，不仅带来了实用技术，还刷新了村民们的思想观念，使他们逐渐放弃传统种养模式，开始尝试养虾养蟹、栽菜栽药、种树种花。对他们而言，没有‘农忙’‘农闲’，每天都在创造财富。”文章迅速得到社会广泛关注，多家媒体转载推送，影响深远。

2018年7月29日，《人民日报》第11版刊文《党建有活力　脱贫添动力》，文章重点推介湖南省将干部、人才资源和发展资

人民日报
RENMIN RIBAO
人民网网址：http://www.people.com.cn
2018年1月
12
星期五
习近平应约同韩国总统文在寅通电话
湖南永州3年减少贫困人口近37万
脱贫路上聚起雁阵效应
农民需要什么，就培训什么
"领头雁"回乡创业，累计带动3万余人脱贫致富
6万多名电商活跃在农村，全市电商交易额过百亿
广西南宁
智慧警务破解居民小区综治

《人民日报》刊文介绍永州经验

源向脱贫攻坚一线倾斜的做法。以“选好‘领头雁’，建强村干部队伍”为标题，总结永州市一手抓贫困村支部建设，一手建强带头人队伍，以村“两委”换届为契机，既从现任村干部中择优“留”，又从农村致富能人和复退军人中择优“推”，还从务工经商能人中择优“引”，选派专职村支书，加强贫困村党组织班子的经验。还分别报道了永州市双牌县麻江镇廖家村和宁远县九嶷山瑶族自治乡新塘村的以党建助脱贫故事。文章写道：“多动脑，少说话，埋头干。接过前任班子留下的廖家村产业发展规划，唐林在发展产业上铆足了劲。蜿蜒的小河从远处的大山流出，冲刷出麻江镇难得的一块平地。就着村里大户做起来的350亩葡萄园，唐林和驻村扶贫工作队一起，趁势做起了芦笋、酥脆枣、百香果等

产业，一年多下来，产业上了轨道，村集体鼓起了腰包，贫困户既能在产业园打工，还可享受产业园的利润分红。”

三、其他媒体采访报道

（一）《湖南日报》

2017 年 5 月 5 日，《湖南日报》以“永州启动农村带头人培养计划”为题刊文进行报道，对培训中心相关工作的开展情况进行了报道，文中重点介绍了培训中心的培训理念和原则，即“统一调训、学以致用、跟踪服务、注重实效”的原则，采取理论教学、观摩研讨与实践实习操作相结合的方式，指出永州市通过培训中心这一平台，把农村党员培养成致富带头人，把致富带头人中的先进分子培养成党员，进而将他们充实到村级班子。

（二）《三湘都市报》

2018 年 2 月 21 日，《三湘都市报》“新春走基层”专栏刊文“职教扶贫：就业一人，致富一家，带动一方新型职业农民培育见成效”，文中对培训中心学员“泥鳅养殖大王”许立红进行了深入采访，详细介绍了贫困户许立红进入培训中心学习后发展泥鳅养殖产业，成功脱贫并带动村民脱贫的事迹，对永州市“党建＋产业技术扶贫”经验进行了总结。

（三）湖南省教育电视台

2018 年 5 月 23 日，第 1 期养殖班学员道县蚣坝镇泥鳅养殖大户许立红接受湖南省教育电视台记者采访。

许立红（右一）接受湖南省教育电视台记者采访

第三节　相关领导和部门的认可与肯定

一、“党建＋产业技术扶贫”学术研讨会

2017年9月8日，“党建＋产业技术扶贫”学术研讨会在培训中心召开。中共中央组织部党建研究所一编室副主任谭彦德等专家学者对“党建＋产业技术扶贫”工作予以充分肯定，培训中心大规模免费培训农村党员和青年农民，以培训促进就业、带动创业、壮大产业，找准了脱贫攻坚的突破口，创新了党员教育培训的方式方法，实现了抓党建与抓发展、抓当前与管长远的深度融合。研讨会上，各位专家学者以及部门负责人，根据各自研究方向和职能职责，从不同专业视角就全市“党建＋产业技术扶贫”的重要意

义、创新做法、经验成效、努力方向，进行了专题发言和深入研讨交流。大家一致认为，永州市“党建＋产业技术扶贫”实现了从“输血”扶贫到“造血”扶贫的根本转变，扶贫与扶志、扶贫与扶智的深度结合以及产业扶贫与教育扶贫的有效衔接。抓住了培育新型职业农民的着力点，发挥了“鲶鱼效应”，形成了党员干部与青年农民“比学赶超”的良好局面。大家对培训中心的建设发展充满信心和期待，提出了很多建议，希望在培训时间上长期、中期、短期相结合，满足学员高、中、低层次需求；在培训内容上进一步实现精准分类、按需教学，把学党务与学业务、提高觉悟与提升技能结合起来，使学员跟党走、奔小康；在培训效果上进一步跟踪调研、扩大成果，进行系统的梳理、总结、升华，将学习力转化为生产力，将永州市“党建＋产业技术扶贫”打造成精准扶贫的地方样本。会议认为，开展农村党员和青年农民培训，是一项全新的工作，可借鉴、可复制的经验比较少，既需要全市各级各部门的配合支持、合力推进，更需要上级部门的重视关心、精心指导。会议强调，“党建＋产业技术扶贫”是一项打基础、利长远的惠民工程，基层党员群众非常关注、充满期待；是一项提素质、强能力的智能工程，关键在于突出实用、注重实效；是一项具开拓性、创新性的亮点工程，迫切需要顶层谋划、合力推进。

二、抓党建促脱贫攻坚工作经验交流座谈会

2017 年 10 月 10 日，湖南省“抓党建促脱贫攻坚工作经验交

流座谈会”在永州召开。省委书记、省人大常委会主任杜家毫在批示中指出，抓党建促脱贫攻坚，是贫困地区脱贫致富的关键举措，也是组织工作服务中心大局的直接体现。各级组织部门要紧扣职能职责，围绕选优配强领导班子、建强基层党组织、激活干部人才队伍、落实基层基础保障，充分发挥党的政治优势、组织优势和群众工作优势，把中央和省委的决策部署转化为各级党组织和广大党员干部担当作为的自觉行动，为坚决打赢脱贫攻坚战、建设富饶美丽幸福新湖南提供坚强的组织保证。

座谈会上，湖南省委常委、省委组织部部长王少峰充分肯定了全省抓党建促脱贫攻坚的新进展新成效。他指出，抓党建促脱贫攻坚是贯彻落实习近平总书记扶贫开发战略思想最核心的政治要求，是服务中心大局最紧迫的政治任务，是对各级党委和组织部门担当作为最有效的政治检验。要继续保持贫困地区县乡党政正职稳定，拓宽贫困地区干部人才队伍源头活水，激发脱贫攻坚一线干部人才内生动力，抓好换届后村级班子建设，派强驻村帮扶工作队和第一书记，发展壮大村级集体经济，发挥党员致富带富作用，凝聚脱贫攻坚关键力量，筑牢脱贫攻坚战斗堡垒。各级党委和组织部门要强化责任担当，保持战略定力，锤炼过硬作风，统筹各方资源，不断提升我省抓党建促脱贫攻坚的工作水平，为决胜全面建成小康做出新的更大贡献。永州市委书记、市人大常委会主任李晖在座谈会致辞中说，“近年来，面对艰巨繁重的脱贫攻坚任务，全市按照‘党建＋精准扶贫’的思路，始终抓住基层党建这个核心，把最优秀的组织资源配置到脱贫攻坚第一线，把最优秀的人才资源集结到脱贫攻坚第一线，以基层党建大提升引领脱贫攻坚大决战，以脱贫攻坚检验党建成效。”座谈会上，永州市“党建＋产业技术扶贫”作为全市一项创新特色做法，做了重点宣传推介。

2017 年 10 月，湖南省抓党建促脱贫攻坚工作经验交流座谈会在永州召开，会上推介永州“党建＋产业技术扶贫”培训模式

三、湖南省委副书记调研培训中心

2018 年 3 月 16 日，湖南省委副书记乌兰，在湖南省委组织部副部长蔡建和，永州市委书记、市人大常委会主任李晖陪同下，实地调研培训中心工作情况，通过观看专题片、查阅资料、听取汇报、现场参观和询问交谈等方式，深入了解培训中心在学员选派、教学管理、跟踪问效等方面的工作情况，充分肯定所取得的喜人成绩。她要求，要充分发挥基层党组织战斗堡垒作用，加强基层党组织带头人队伍建设，积极参与美丽乡村建设，法治、德治、村民自治相结合，让农民生活更富裕、农村更美丽。同时也对培训中心未来发展提出了要求。她指出，今后培训要突出党建引领，助力脱贫攻坚、乡村振兴战略；把乡村振兴融入课堂教学，发挥基层党组织战斗堡垒作用，加强基层党组织带头人队伍建设和美丽乡村建设人才培养，让农民生活更富裕、农村更美丽。

湖南省委副书记乌兰（左二）参观“道州灰鹅文化馆”

四、湖南省党员致富带头人专题培训示范班在培训中心举办

2018 年 9 月 3 日，湖南省党员致富带头人专题培训示范班在培训中心（永州工贸学校）举办。来自全省 14 个市州的 147 名学员分别参加现代种养、农村电商、乡村旅游 3 个专业为期 5 天的培训。省委组织部党员教育中心副调研员梁勇、党员管理处副调研员

罗世红、党员教育中心主任科员邓鑫参加会议。全省党员致富带头人专题培训示范班的参训学员，由省委组织部直接调训。参训学员包括村干部、农村党员、农村合作社负责人、种养大户、农业龙头企业负责人等，除了课堂教学，重点组织学员到脱贫攻坚示范点、种养加基地、新农村建设示范点等实践教学基地现场观摩学习。授课老师除聘请省农业委、湖南农大等专家教授授课外，还安排本地党员致富带头人、参加过永州市农村党员和青年农民培训的优秀学员“现身说法”。标志着“党建+产业技术扶贫”模式从全市走向全省，永州新型职业农民培育模式，得到了社会各界的肯定和好评，湖南省委组织部微信公众号“红星云”以“揭秘！什么样的‘头脑风暴’让他们直呼‘过瘾’”为题，对培训模式、效果、反响等情况进行了宣传推介，社会反响很好。“永州培训模式”为各地提供了可借鉴、可复制、可推广的地方样本。

2018 年 9 月，湖南省党员致富带头人专题培训示范班在“培训中心”举办

小　结

永州市“党建＋产业技术扶贫”培训模式，得到了参训学员、《人民日报》《湖南日报》等媒体、各级领导和部门的充分肯定和好评。“党建＋产业技术扶贫”模式对于打赢脱贫攻坚战、培育新型职业农民、推进乡村振兴战略都具有开创性、破冰性的重大意义，探索了可学习、可复制、可推广的成功经验，值得深度总结提炼、广泛推广运用。社会反响与各方评价如表7－1所示。

表7－1　社会反响与各方评价一览

类型	反响与评价
培训学员	“永组在线”公众号学员纷纷留言点赞以及课题组实地回访得到的积极反响
社会媒体	2017年9月16—17日，人民日报社、人民网等媒体记者采访组深入永州调研
	2017年11月1日，中共中央组织部《党建研究参考资料》专期专刊刊发经验文章《因地制宜，着眼长远，开展脱贫攻坚》推介永州经验
	2018年1月12日，《人民日报》第11版以“湖南永州3年减少贫困人口近37万　脱贫路上聚起雁阵效应”为题专题推介永州市“党建＋产业技术扶贫”工作经验
	2018年2月，中共中央组织部《党建研究》2018年第2期，刊发了永州市委书记、市人大常委会主任李晖的署名文章《以农民培训助力脱贫攻坚的探索与思考》
	2018年7月29日，《人民日报》刊文《党建有活力　脱贫添动力》点赞永州经验

续前表

类型	反响与评价
相关领导和部门	2017 年 9 月 8 日，“党建＋产业技术扶贫”学术研讨会在永州召开，中共中央组织部党建研究所相关负责同志及相关专家参会探讨永州模式
	2017 年 10 月 10 日，湖南省“抓党建促脱贫攻坚工作经验交流座谈会”在永州召开，推介永州农村党员和青年农民培训工作经验
	2018 年 3 月 16 日，湖南省委副书记乌兰实地调研培训中心建设情况，并给予高度评价
	2018 年 9 月 3 日，湖南省党员致富带头人专题培训示范班在培训中心举办

主要参考文献

白兴星. 创新基层党建模式　打赢扶贫攻坚战. 人民论坛，2017（36）.

陈成文，陈建平，陶纪坤. 产业扶贫：国外经验及其政策启示. 经济地理，2018（1）.

陈惠敏. 贫困地区精准扶贫与农村社区协同发展的思考. 中国农业资源与区划，2016（9）.

陈锡文. 中国特色农业现代化的几个主要问题. 改革，2012（10）.

邓小海，曾亮，肖洪磊. 我国扶贫旅游产业链优化研究. 世界地理研究，2015（3）.

董超，卢桂林. 农村电子商务. 北京：中国农业出版社，2017.

冯逃，李冬梅，高蜀晋. 农业产业形成及可持续发展的实证分析：基于一个村庄的实践案例. 农业经济问题，2013（7）.

郭和才. 基层党建与扶贫须“双推进”. 人民论坛，2018（16）.

何德肆. 现代养殖实用技术. 北京：中国农业出版社，2017.

何晓琼，钟祝. 乡村振兴战略下新型职业农民培育政策支持研究. 中国职业技术教育，2018 (3).

胡龙兴. 现代种植实用技术. 北京：中国农业出版社，2017.

黄祖辉. 新型农业经营主体：现状、约束与发展思路：以浙江省为例的分析. 中国农村经济，2010 (10).

江维国. 我国新型农业经营主体的功能定位及战略思考. 经济纵横，2014 (4).

孔祥智. 新型农业经营主体的地位和顶层设计. 改革，2014 (5).

孔祥智，毛飞，伍振军，等. 土地流转与新型农业经营主体培育. 北京：中国农业出版社，2015.

蓝海涛，张义博，周振. 我国产业扶贫的模式分析与思考. 中国发展观察，2017 (17).

李博，左停. 精准扶贫视角下农村产业化扶贫政策执行逻辑的探讨：以Y村大棚蔬菜产业扶贫为例. 西南大学学报（社会科学版），2016 (4).

李晖. 集聚人才资源 助力创新开放. 新湘评论，2017 (24).

李晖. 以农民培训助力脱贫攻坚的探索与思考. 党建研究，2018 (2).

李金祥. 创新农业科技驱动精准扶贫. 农业经济问题，2016 (6).

唐杰. 厉害了！永州市连续四年荣获全省绩效评估优秀等次. 腾讯大湘网，2018-05-08.

林广毅，康春鹏. 精准扶贫战略下的电商扶贫. 农民日报，

2016-05-17.

林俐. 供给侧结构性改革背景下精准扶贫机制创新研究. 经济体制改革，2016（5）.

刘建生，陈鑫，曹佳慧. 产业精准扶贫作用机制研究. 中国人口·资源与环境，2017（6）.

刘志成. 湖南新型农业经营主体培育的现状、问题与对策. 湖南社会科学，2013（6）.

卢峰. 城镇化进程中农村职业教育的新定位及其实施策略. 中国职业技术教育，2018（21）.

莫春开. 打好党建扶贫、思想扶贫“组合拳”. 中国党政干部论坛，2017（10）.

宁远县统计局. 宁远县统计年鉴. 2016.

欧阳能上，张举纲. 全市“党建+产业技术扶贫”学术研讨会在道县召开. 红网永州站，2017-09-12.

宋洪远. 培育新型农业经营主体发展适度规模经营. 21 世纪经济报道，2014-05-11.

孙兆霞，张建，毛刚强. 贵州省党建扶贫的源起演进与历史贡献. 贵州社会科学，2016（2）.

唐智彬，刘青.“精准扶贫”与发展定向农村职业教育：基于湖南武陵山片区的思考. 教育发展研究，2016（7）.

童洁，李宏伟，屈锡华. 我国新型职业农民职业化一般发展指数研究. 财经问题研究，2018（5）.

汪三贵，梁晓敏. 我国资产收益扶贫的实践与机制创新. 农业经济问题，2017（9）.

汪向东，王昕天. 电子商务与信息扶贫：互联网时代扶贫工作的新特点. 西北农林科技大学学报（社会科学版），2015（4）.

王春光. 社会治理视角下的农村开发扶贫问题研究. 中共福建省委党校学报，2015（3）.

王春萍，郑烨. 21世纪以来中国产业扶贫研究脉络与主题谱系. 中国人口·资源与环境，2017（6）.

王国勇，邢溦. 我国精准扶贫工作机制问题探析. 农村经济，2015（9）.

王慧敏，龙文军. 新型农业经营主体的多元发展形式和制度供给. 中国农村金融，2014（1）.

王静. 河北省农业特色产业扶贫问题研究. 石家庄：河北师范大学，2018.

王英姿. 中国现代农业发展要重视舒尔茨模式. 农业经济问题，2014（2）.

王雨磊. 数字下乡：农村精准扶贫中的技术治理. 社会学研究，2016（6）.

吴桐. 习近平精准扶贫思想视域下河北太行山区产业扶贫研究. 石家庄：河北科技大学，2017.

闫东东，付华. 龙头企业参与产业扶贫的进化博弈分析. 农村经济，2015（2）.

颜珂．党建有活力，脱贫添动力．人民日报，2018-07-29.

颜强，王国丽，陈加友．农产品电商精准扶贫的路径与对策研究：以贵州贫困农村为例．农村经济，2018（2).

杨璐璐．乡村振兴视野的新型职业农民培育：浙省个案．改革，2018（2).

永州市统计局．永州统计年鉴．2017.

余雯雯．宜昌市农村基层党组织推动精准扶贫的对策研究．武汉：华中科技大学，2016.

曾福生．中国现代农业经营模式及其创新的探讨．农业经济问题，2011（10).

张岩，王小志．农村贫困地区实施电商扶贫的模式及对策研究．农业经济，2016（10).

赵海．新型农业经营体系的涵义及其构建．农村工作通讯，2013（6).

中央组织部党建研究所．因地制宜 着眼长远 开展脱贫攻坚．2017（11).

周立耘，万丽君．湖南永州3年减少贫困人口近37万 脱贫路上聚起雁阵效应．人民日报，2018-01-12.

周卫国，李水云．零陵温氏养殖项目参与产业扶贫的调查与思考．湖南畜牧兽医，2017（4).

2018年上半年永州市农业质量年工作情况报告，永州市人民政府网，2018-07-30.

后　记

本书是大家共同努力的结果，是集体智慧的结晶，包含着所有编写人员的辛勤劳动和汗水。无论是实地调研和访谈，还是书稿的撰写，均凝聚着每个人的辛勤付出。永州市委、市委组织部和道县县委、县委组织部对书稿的撰写给予了关心指导。其间，课题组成员曾多次往返北京—永州，足迹踏遍了永州市 14 个县区（管理区，开发区），访谈了近 50 个案例，特别是 2018 年 8 月暑假的调研，以刘维哲同学为组长的调研小组，顶着烈日、冒着 36 度以上的高温，走访 6 个县，访谈 20 多个案例，顺利完成了调研任务。在本书的编写过程中，大家齐心协力，使本书在较短的时间内顺利完成。以下同学参加了本书的编写工作，他们是：高佳、常明、刘维哲、尹晴、郭晴、张馨月、王金、孙爱昕等，在此向他们表示衷心的感谢。在调研的过程中，课题组得到了永州市工业贸易中等专业学校、永州市 14 个县区（管理区，开发区）党委组织部以及永州市农村党员和青年农民培训中心实践教学基地的大力支持，正是因为它们的配合支持、热情帮助，实地调研和访谈工作才得以顺利展开和完成。

感谢谭彦德、欧显庭、欧春涛、尹存成、欧阳英、欧阳能上等同志，对本书提出了宝贵意见，并细心审阅和修改润色，使本书增色不少。感谢奉法庭、柏先红、何青云、吴宴林等同志为书稿提供大量素材。调研还得到了被访谈人员的积极配合，在这里向他们表示深深的谢意。感谢前期参加调研的同学，他们是唐溧、陆俊肖、曲娜、孙箐泽、周博鼎等，在此一并表示感谢。

感谢中国人民大学出版社的朱海燕、朱晓霞、于晨，加班工作细心审校书稿，保证了本书的顺利出版。

感谢所有对本书给予过帮助的人!

作者

2018 年 9 月 16 日

图书在版编目（CIP）数据

红色火种：湖南省永州市“党建＋产业技术扶贫”实践/王西琴，陈秋红著．—北京：中国人民大学出版社，2018．10

ISBN 978-7-300-26347-2

Ⅰ．①红…　Ⅱ．①王…②陈…　Ⅲ．①中国共产党-地方组织-党的建设-永州②扶贫-研究-永州　Ⅳ．①D26②F127．643

中国版本图书馆 CIP 数据核字（2018）第 236658 号

红色火种：湖南省永州市“党建＋产业技术扶贫”实践

王西琴　陈秋红　著

Hongse Huozhong：Hunansheng Yongzhoushi “Dangjian＋Chanye Jishu Fupin” Shijian

出版发行	中国人民大学出版社		
社　　址	北京中关村大街 31 号	**邮政编码**	100080
电　　话	010－62511242（总编室）		010－62511770（质管部）
	010－82501766（邮购部）		010－62514148（门市部）
	010－62515195（发行公司）		010－62515275（盗版举报）
网　　址	http://www.crup.com.cn		
	http://www.ttrnet.com(人大教研网)		
经　　销	新华书店		
印　　刷	北京七色印务有限公司		
规　　格	170 mm×240 mm　16 开本	**版　　次**	2018 年 10 月第 1 版
印　　张	16.25 插页 2	**印　　次**	2018 年 10 月第 1 次印刷
字　　数	157 000	**定　　价**	49.00 元